儲かっていない飲食店は99%“人”が原因

飲食店経営“人の問題”を解決する33の法則

三ツ井創太郎

同文舘出版

まえがき

2003年、父の経営する会社が倒産しました。住み慣れた家を追われたあの日、資金繰りの苦しみから解放された一方で、先の見えない生活を目の前に不安な表情を浮かべる父と母を見た私は、「いつか経営コンサルタントになって、父のように困っている経営者を助けたい！」と強く心に誓ったことを今でも鮮明に覚えています。

当時まだ大学生だった私。夜はバーテンダーをして大学の学費を稼ぐ傍ら、昼はミリオンセラーとなった『ごちそうさまが、ききたくて。』（文化出版局）をはじめ、累計発行部数2600万部を超える著書を出版している料理家の栗原はるみさんのところで、約5年間アシスタントとして料理の基本を学ばせていただくことになります。この出会いは、私の人生においてとても大きな分岐点となります。栗原はるみさんからは料理の基本のみならず、仕事に対する姿勢を間近で学びました。その後、10年以上飲食業界の現場で、死に物狂いで働いてきました。

しかしながら、「いつかは経営コンサルタントになり、父のように困っている経営者を助けたい！」という想いは強く、仕事をしながら夜間のビジネススクールに通い、365日間、寝る間を惜しんで国内外の経営学を学びました。

そして、東証一部上場企業である経営コンサルティング会社、株式会社船井総合研究所の飲食部門に入社。船井総研では、創業者である故船井幸雄氏が体系化したコンサルティングノウハウを学ぶと同時に、飲食専門の経営コンサルタントとして、個人店から上場チェーン、日本全国から海外まで、数知れない飲食企業の経営課題の解決に奔走してきました。

これまで、長年に渡って飲食業界を「中（飲食業界人）」と「外（経営コンサルタント）」から見てきた私が強く感じたこと、それは……

「飲食店の経営者、幹部、店長は常に〝人〟のことで悩んでいる」

言い方を変えれば、**「飲食店経営のすべての悩みは〝人〟に起因している」**

「売上げが悪い」「原価が高い」「人が採用できない」「資金繰りが苦しい」など……これら課題の根っこには、必ず「人の問題」があるのです。

思い返せば、かつて飲食業界で店長や幹部の仕事をしていた私も、常に「人」のことで悩んでいました。悩み、思い詰め、何か解決のヒントを得ようと書店などに行くのですが、「精神論」を説く本はあっても、飲食店経営独特の「人の悩みの解決」に関して、わかりやすく論理的に書いている本はありませんでした。飲食業界で働く仲間や先輩に相談しても、返ってくる言葉はどれも精神論、根性論ばかり。

実際に、日々経営コンサルティングをしていると、「人の問題」を精神論で乗り切ろうとするもうまくいかず、疲弊していく経営者、幹部、店長さんに数多く出会います。私自身も飲食業界で働いているときは、〝胃に穴が開くほど〟人の問題で悩んでいたので、人の問題で悩むみなさんの気持ちは、痛いほどよくわかります。さらに家業の倒産の経験もあり、そんな時の経営者の方々の苦しみもまた、痛いほどよくわかるのです。そんな方々と出会ったときに、私はいつもこうお伝えしています。

「人の悩みは必ず仕組みで解決できます！」

私のこの話を聞いて、**「人の悩みが仕組みで解決するはずがない！」**と思われた方。ずっと〝人〟に悩まれ、もうすでにありとあらゆる対策をされてきた方がそう思われるのも当然だと思います。

しかし、飲食業界には人の問題で長年苦しんでいたにもかかわらず、人の悩みを「仕組み」で上手に解決し、実際に上場が目指せるまでに急成長された企業様もあります。

まずは、本書の目次をご覧ください

本書には、今みなさんが悩まれている「人材採用」「理念浸透」「人件費削減」「原価率削減」「アルバイト育成」「店長育成」「社長の右腕育成」に関する実践的ノウハウが、図や帳票を交えてわかりやすく書かれています。

家業が倒産したときは、父から「経営の難しさ」と「経営者の孤独さ」を学びました。コンサルティング会社では「原理原則に基づく体系的なコンサルティングノウハウ」を学ばせていただきました。経営コンサルティング会社を設立し、一人の経営者となった今、今まで学び、研究し、体系化、実践してきた数多くの「人の問題を解決するノウハウ」の集大成として、本書を書かせていただきました。

本書が「人で悩む」飲食店経営者、幹部、店長の皆様にとって、少しでもお役に立てば幸いです。

2016年12月

三ツ井創太郎

飲食店経営"人の問題"を解決する33の法則　目次

1章　人がどんどん採用できる！ 働くスタッフが輝く！ お店の作り方

相談内容
店長から「このお店で働いていても未来が見えない」と言われました

相談内容

アルバイトさんから、「うちのお店ってブラック企業ですか?」と聞かれました

2章 ブラック企業と言われないための人材管理術

相談内容

いくら料理長を怒っても原価率が下がらないんです

3章 料理長のマンパワーに頼らず原価率を下げる7つの実践的ノウハウ

相談内容
なぜか、うちのお店はアルバイトがぜんぜん育たないんです

4章 これからの時代のアルバイト採用・育成術

相談内容
何度言っても
ダメな店長、
いつ見切りをつけたら
いいですか？

5章 「ダメ店長」を短期間で「プロ店長」に変身させた仕組みとは

相談内容
自分の右腕となる
幹部が
ぜんぜん
育たないんです

6章 社長を助ける右腕人材の見抜き方と育て方

装　丁／村上顕一
DTP／マーリンクレイン

相談内容

店長から「このお店で働いていても未来が見えない」と言われました

1章 人がどんどん採用できる！働くスタッフが輝く！お店の作り方

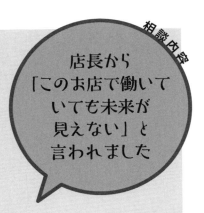

1 人は、自分が将来どうなるかわからない場所では働きたがらない

みなさん、突然ですが質問です。

質問1：「あなたは、3年後に倒産する会社で働きたいと思いますか？」

もちろん、答えは「いいえ」だと思います。

では、もうひとつ質問です。

質問2：「あなたは、3年後に倒産しているか、継続しているかわからない会社で働きたいと思いますか？」

もちろん、こちらの答えも「いいえ」だと思います。

では、もうひとつ。

質問3：「あなたは、3年後に大きく成長し、自分のポジションが明確に見えている会社で働きたいと思いますか？」

おそらく、多くの方が「働きたい！」と答えると思います。

最後にもうひとつ。

質問4：「あなたは店長や社員、アルバイトスタッフに、3年後の会社の将来像や一人ひと

りの活躍の場があることを伝えていますか？」

さあ、みなさんのお店ではいかがでしょうか？

実は、質問1と2の「倒産する」と「倒産するか継続するかわからない」は、一見すると違うように感じますが、そこで働く人の立場に立つと、いずれも〝不安〟であることに違いはありません。店舗のスタッフに対しては、この〝不安〟を取り除いてあげることがとても重要です。なぜなら、この〝不安〟はいずれ、必ず〝不信〟に変わっていくからです。〝不安〟は店や会社に対する〝不信〟の種なのです。

先日、ある経営者から店舗スタッフの退職に関してのご相談を受けました。「辞めたい」というスタッフがいたので、経営者が理由を聞くと、「このお店で働いていても未来が見えない」と言われたそうです。とても期待をしていたスタッフだっただけに、それを聞いた経営者は、かなりショックだったようです。その経営者は、こう言っていました。「彼は優秀だったので、それなりのお給料を払っていたし、他のお店に行ってもうちほどのお給料はもらえないはずなのに、なぜ辞めるのだろう……」

みなさんのお店でもこのようなケースはありませんか？

なぜ、しっかりとお給料を払っているのに従業員は辞めてしまうのか……。

その答えを考えるヒントとして、「マズローの欲求5段階説」という考え方を少しご紹介

●マズローの欲求５段階説

マズローの欲求５段階説		内容	飲食店に置き換えると
５段階	自己実現の欲求	自身の本来あるべき姿の実現を目指す欲求	新しい仕事に挑戦したい・プレーヤーよりもマネージャーになりたい・自分の店を持ちたい・もっと自分自身を成長させる環境にいきたい
４段階	承認の欲求	他人から承認されたいという欲求	店長・社長から必要とされる・お客様から必要とされる存在である・昇進したい
３段階	所属と愛の欲求	集団・組織に所属し、良好な人間関係を得ようとする欲求	店内における良好な人間関係・店舗スタッフで何かひとつのことをやり遂げたい
２段階	安全の欲求	危険から自身を守り、安全を得ようとする欲求	社会保険がつかない・パワハラを受ける・各種給与手当が少ない（又はない）職場環境が悪い
１段階	生理的欲求	食べる・飲む・寝るなどの動物としての基本的欲求	まかないが出ない・遅番の次の日に早番シフトが組まれるので寝られない・基本給が安すぎる・遅延がある

します。これは、アメリカの心理学者アブラハム・マズローという人が提唱した「人間の欲求というのは、5段階のピラミッドのように構成されている」という考え方です。この考え方を、私が飲食店に置き換えたのが上の表です。

先ほどの「お給料」というのは、マズローの欲求5段階説で言うと、最も低次の1〜2段階にあたります。人間は、低次の欲求が満たされると、次の段階の欲求を求める生き物です。つまり、「お給料」の次にスタッ

フが求めるのは、

「オーナーや店長から必要とされている」

「自分には、この店でやるべき目標・役割がある」

「この店で働くことは、将来の自分の成長にとって大きなプラスとなる」

と感じられる場所であるかどうかです。

しかし、実際の飲食店を見てみると、低次欲求である「生理的欲求」や「安全の欲求」でさえままならない店が多くあります。この話を聞いて、「そんな経費のかかることばかりしていたら飲食店は成り立たない！」と思った飲食店経営者のみなさま、私も飲食業界に携わって長いので、みなさんの気持ちはよくわかります。

では、みなさんの店では採用求人費にいくら使っていますか？　採用できない求人広告にいくら払っていますか？

「コストがかかるので払うべきものを払わない」⇓「払うべきものを払わないから人材が採用できない（定着しない）」⇓「人材獲得に多くのコストを使う」⇓「コストが捻出できず払うべきものが払えない」

これが、今多くの飲食店で起こっている「人材難の悪循環」です。

これからの時代は、「生理的欲求」や「安全の欲求」でさえ守られていない飲食店は、間違いなく淘汰されます。これは確実に言えることです。労働基準法の改正議論も活発化してきています。

先ほどのケースの経営者さんは、しっかりとお給料も払っていたし、職場環境も良好でした。では、なぜこのスタッフは辞めてしまったのでしょうか?

その理由は、スタッフに会社や本人の将来像を伝えていなかったからです。もちろん、経営者の頭の中には「来年もう少し利益が出たら出店を考えてもいいかな」「もう一店舗出店したら、このスタッフを店長にしたいな」など、いろいろと考えはあると思います。しかし、経営者が一人で考えているだけでは意味がありません。大切なのは、経営者が考える将来の会社像や本人の姿をスタッフに伝え続けていくことです。

とくに「最近の若い人」には、こうした自分の将来像や成長に対する欲求が高いようです。

実際に、平成生まれの人達を対象にした、退職理由に関するアンケート調査などの結果を見ていくと、「キャリア成長が望めない」という理由が上位を占めています。感覚的には給与や待遇面が上位にくると思いきや、平成生まれの人達は「自身の成長」を強く求めていることがわかります。

人は、自分の将来像や成長がイメージできる場所で働きたいと思うのです。

まずは、みなさんのお店がそうした場所になることが大切です。そのためにも、まずは経営者のみなさん自身が自分や会社・店の将来像や目標を考えてみてください。目標設定の方法に関しては、本章3項の「店長・社員が夢を見られる経営計画書の簡単な作り方」で、くわしくお話しをさせていただきます。

2 「こんな時代でも人がどんどん採用できている飲食店がやっていること」

「求人広告を出すと〝どんどん〟応募が来る」

こんな話を聞いて、みなさんは信じられますか？

「今どき、そんな飲食企業あるわけないじゃないか‼」と思った方が多いでしょう。

しかし、日々日本全国をコンサルティングで飛び回っていると、このような飲食店様と出会うことがあります。ここでは、「人がどんどん採用できている飲食店」になるための原理原則を、みなさんにお伝えします。まず初めに、二人の飲食店経営者のボヤキを聞いてください。

まずは、とある居酒屋店経営者のボヤキです。

「求人を出しているが、まったく人が採用できないんです。近所の競合居酒屋店も求人を出しているが、あちらのお店には何人か入社している。絶対うちの店のほうが働きやすいお店なのに、なぜうちの店には入社しないんでしょうかね……」

次は、イタリア料理店経営者のボヤキです。

「うちの店は最高の旬の食材を使ったコースメニューを用意しています。近くのあのイタリア料理店の料理はぜんぜんおいしくないんだけど、なぜかうちよりお客さんが入っているんだよね。絶対にうちの店のほうがおいしいのに……」

この二人のボヤキ、一見すると「求人」と「集客」というまったく異なるテーマで悩んでいるように感じますが、実はここに大きなヒントが隠されています。


「本当はとても働きやすい店なのに、人が採用できない居酒屋店」

「本当はとてもおいしい店なのに、人が集客できないイタリア料理店」

この二人の経営者に共通している点は何でしょうか？

答えは「働きやすい店」や「おいしい店」ということが「求職者」や「消費者」に伝わっていないということです。逆を言うと、この店の競合店は「働きやすい店」「おいしい店」ということが伝わっているから「採用」「集客」ができているのです。

みなさんのお店は「働きやすい店」になるための努力をしていますか？

みなさんのお店は「働きやすい店」であることを外部に発信していますか？

人材獲得戦略とは、一般的にマネジメント戦略と思われがちですが、実は集客と同じマーケティング戦略の要素が重要なのです。マーケティング戦略の基本中の基本、それは「誰に」「何を」「どうやって伝える（売る）」のかを考えていくことです。

まず第一段階として、「誰に」「何を」の部分を考えていきましょう。「働きやすい店」の定義は個人個人で異なります。これを考える際にも、前項でお話しをした「マズローの欲求5段階説」が大きく活躍します。採用したいターゲットごとの「働いてみたくなるキーワード」をまとめてみました。

最近の飲食店の求人原稿を見ていると、低次欲求の1～2段階に対応するキーワード訴求は当たり前になってきています。

低次欲求の1～2段階だけを求めてくる求職者は、給与や待遇面でしか仕事を判断していないため、離職率が高くなる傾向があります。

これからの時代の人材獲得戦略においては、3～5段階の欲求を満たすような「仕組み」をしっかりと構築した上で「うちの店はこんなに働きやすいぞ～!!」とか「うちの店に入ればこんなに成長できるぞ～!!」ということを、求人の際にしっかりと伝えていかなくてはなりません。ここまでのお話しで「誰に」「何を」はおわかりいただけたと思います。

次に考えなくてはならないのは、みなさんの店が「働きやすい店」であることをどうやって伝えるのか。具体的には、「どの求人広告を選んでいくか」という段階です。

ここでは、「1人採用単価」という指標を考えていくことが重要です。大都市部では、1名アルバイトを採用するのに平均7万円以上かかると言われています。地方でも、5万円以上かかるケースが多いようです。

一方で、社員採用に関しては、平均で50万円以上かかるというのが実情です。「求人広告」というのは、エリアや業種によっても効果が異なるため、一概にどれがよいとは言えません。大切なのは、自店がこれまで行なった求人広告に関して「1人採用単価」等のデータを取った上で、自店の業態や商圏にマッチする採用戦略を選択していくことが重要なのです。効果がない求人広告に、年間数十万円ものお金を払い続けるのはやめましょう。

●採用ターゲット別「働いてみたくなるキーワード」

	マズローの欲求5段階説	内容	働いてみたくなるキーワード	男性学生	女性学生	フリーター	主婦	新卒社員	中途社員
5段階	自己実現の欲求	自身の本来あるべき姿の実現を目指す欲求	社員独立制度					○	○
			勉強会・研修制度					○	○
			海外進出の計画					○	○
			幹部候補社員募集					○	○
			手に職がつけられる	○	△	○	○	○	○
			飲食業界を変える					○	△
4段階	承認の欲求	他人から承認されたいという欲求	公平な評価制度	○	○	△	○	○	○
			若くても認められる風土					○	○
			定期的な昇級システム	○	○	△	△	○	○
			キャリアパス制度				○	○	○
3段階	所属と愛の欲求	集団・組織に所属し、良好な人間関係を得ようとする欲求	社内レクリエーション	○	○	○		○	○
			同年代の仲間がいる職場	○	○	△	○	△	
			社員旅行の定期開催					○	○
			社長との定期懇親会	△	△	△		○	○
			メディアでの掲載実績	△	△	○		○	○
			社長のカリスマ性	△	△	△		○	○
			オープニングスタッフ	○	○	○	○		
2段階	安全の欲求	危険から自身を守り、安全を得ようとする欲求	家・学校からの近さ	△	△	△	○		
			託児所（手当）の完備				○		
			女性用更衣室の完備		○	○	○	△	△
			社会保険完備			○		○	○
			初心者にもやさしく指導	○	○	△	○	○	
			各種手当の完備			○		○	○
			週休2日制度					○	○
1段階	生理的欲求	食べる・飲む・寝るなどの動物としての基本的欲求	シフトの融通がきく	○	○	○	○		
			休憩室の完備	△	○	△	△		
			まかないのボリューム感	○		○			
			職場の環境	△	○	△	△	△	△
			可愛いらしい制服		○				
			基本給（時給）の高さ	○	○	○	○	○	○

その他にも、冒頭でお伝えした「求人広告を出すと〝どんどん〟応募が来る」お店に共通する特徴があります。それは、自社のホームページを持っていることです。なぜ、求人広告だけでは駄目なのか？　答えは簡単です。みなさん自身が仕事を探していることを想像してみてください。みなさんが、求人広告で次のような求人を目にしたとします。

「居酒屋〇〇　〇〇店！　店長候補募集　株式会社ＡＢＣ」

次に、みなさんはどんなアクションを起こしますか？

きっとインターネットで、「株式会社ＡＢＣ」と検索するはずです。そして、そのお店や会社のホームページを見て、情報をより多く仕入れようとするはずです。だから、自社ホームページが大切なのです。

さらに言うと、そのホームページのトップページに「自社を紹介する Youtube 動画等」がリンクで貼ってあることが望ましいのです。人にメッセージを伝えるときは、文字よりも、動画のほうが圧倒的に効果があります。この「自社を紹介する動画」を作る際にも、先ほどお話しをした〈**採用ターゲット別「働いてみたくなるキーワード」**〉を参考にしてみてください。

仕事を探している段階では、みなさんの店が「働きやすい店」「成長できる店」かどうかはわからないのです。だからこそ、入社する前に店の特徴などが明確にわかるようにしなくてはなりません。

これからの時代は「働きやすい・成長できる店であることを上手に伝えられる会社」に人材が集中することになります。

だからこそ、早急な対策が必要なのです。

3 「店長・社員が夢を見られる経営計画書の簡単な作り方」

この章の1、2項では、下記のお話しをさせていただきました。
■人は、自分の将来像や成長がイメージできる場所で働きたいと思う
■まずは、みなさんのお店がそうした場所になることが大切
■しっかりと書面で将来を伝える
先日、とある飲食店経営者からこんな相談がありました。

「経営計画を立てようと思って、いろいろな本を買ってはみたものの、何から手をつけていいかわからないんです」

たとえば、インターネット書籍通販サイトのamazonで「経営計画」と検索します。すると、1万冊以上の書籍がヒットします。「経営計画　作り方」でも100冊以上がヒットします。

実際にその内容の本の目次をめくってみると……、

1. 経営理念
2. 外部環境分析
3. 内部環境分析
4. SWOT分析
5. 課題の整理
6. 人事戦略
7. 営業戦略
8. 財務戦略

このように、何やらいろいろと書いてあります。最初はやる気があっても多くの経営者はこれを見て、

「う〜ん。なんかややこしいな。これを自分達で作るのは無理だな……」となってしまいま

●経営計画の考え方

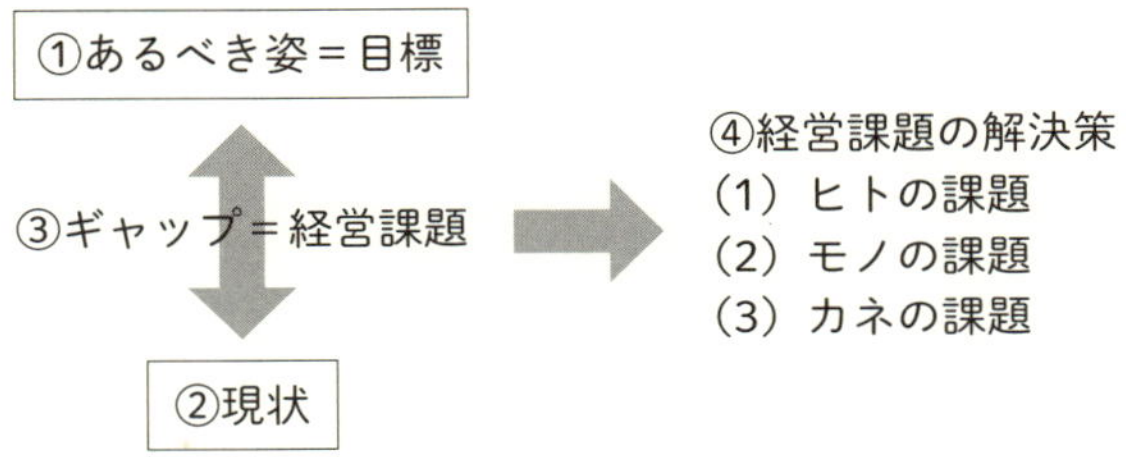

す。

経営計画の本は、なぜこんなにややこしいのか……。

ここでは、忙しい飲食店経営者の方でも「経営計画」を簡単に作成する方法をお伝えさせていただきます。まず、「経営計画」をわかりやすく図にしてご説明します。

手順としては、まず「①あるべき姿＝目標」を定めたら、次は「②自店の現状分析」をします。この①と②のギャップが「③経営課題」となります。そして「④経営課題の解決策」を、ヒトの課題、モノの課題、カネの課題で切り分けて考えていきます。これを書面にまとめたものが私の考える飲食店向きの「経営計画書」となります。どうでしょう、簡単ではないでしょうか？　では実際に、どのような手順で経営計画書を作成していくのかをお話させていただきます。私はいつも、29ページの「経営計画策定シート」を使います。

ステップ1　あるべき姿＝目標

「あるべき姿」とは言葉の通り、「将来こうなっていたい！」という目標です。一般的には、「3年後に○○店舗を出店」とか「5年後に海外進出」とか「1店舗売上○○円達成」などです。このあるべき姿を定めるときは、28ページの「飲食店成長の方向性マトリクス」を参考にしてみてください。

■今のままの商圏で、今のままの業態（店舗）で目指す目標は、①－A「地域一番店化目標」となります。これは、店舗展開はしないけれど、とにかく店舗の「売上」「利益」「QSCレベル」「ブランド」を高めていきたいという目標になります。

■今のままの商圏で、新しい業態の出店を目指す目標は、②－A「多ブランド化目標」となります。たとえば、夜業態である居酒屋を経営するオーナーが同じ商圏内で居酒屋と競合しないカフェの出店を目指していくという目標になります。

■今までの業態で、新しい商圏での出店を目指す目標は、①－B「多店舗フォーマット化目標」となります。これは、同じコンセプトの居酒屋を違う町に出店するという目標になります。

■新しい業態を、新しい商圏での出店を目指す目標は②－B「多角化目標」となります。

これは、居酒屋を経営するオーナーが、違う町でカフェを出店するという目標になります。

まずはこの表を参考に自社がどこを目指していくのかを整理してみることが大切です。なお、この4つの目標のリスクにあえて順序をつけると（ここで言うリスクとは、投資する金額とお考えください）、

リスク超高い＝②－B「多角化目標」
リスク高い＝②－A「多ブランド化目標」
リスクやや少ない＝①－B「多店舗フォーマット化目標」
リスク少ない＝①－A「地域一番店化目標」

ステップ2　数値計画

29ページの「経営計画策定シート」を見てください。①で設定した目標を数値レベルに落とし込んでいきます。ここでは例として、3年以内にプラス5店舗を実現するためのプロセスを設定していきます。つまり、1年で2店舗出店していく計画です。店舗が

●飲食店成長の方向性マトリクス

		業態	
		①：今のまま	②：新しい
商圏	A：今のまま	①－A『地域一番店化目標』	②－A『多ブランド化目標』
	B：新しい	①－B『多店舗フォーマット化目標』	②－B『多角化目標』

増えるということは、それに伴って売上と利益が増えます。一方で、必要資金と人材の獲得をどのように行なっていくかということも考えていかなくてはなりません。

ステップ3　経営課題とアクションプラン

目標を達成するために「人」「物」「金」面での現状の課題と課題解決に向けた解決策＝アクションプランを決めていきます。②の数値計画を立てた段階で、多くの経営者の方は**「えっ⁇　こんなに借入をしないといけないの……」「毎年3人ペースで社員を採用しないといけないの……」**と困惑されます。でも、これが現実です。

この現実を知るためにも、②の数値計画はとても大切です。想いだけなら、①のあるべき姿・目標で十分です。しかし、確実に経営ビジョンを実現していこうと思ったら、現実を直視した上で対策を考えていかなくてはなりません。もし、対策を講じることができないようなら、①のあるべき姿・目標自体を見直す必要性があります。

経営計画策定シート

①あるべき姿・目標（経営ビジョン）

3年以内にプラス5店舗の出店を実現する

②数値計画

店舗数	現状	1年後	2年後	3年後
	2	3	5	7

売上高	現状	1年後	2年後	3年後
	1億円	1.5億円	2.5億円	3.5億円

営業利益	現状	1年後	2年後	3年後
	300万円	450万円	750万円	1,050万円

社員数	現状	1年後	2年後	3年後
	4名	5名	8名	11名

社員採用計画	現状	1年後	2年後	3年後
	1名	3名	3名	3名

必要資金	現状	1年後	2年後	3年後
	0万円	1,500万円	3.000万円	3,000万円

③経営課題とアクションプラン

	「人」の課題		「人」の課題の解決策
1	出店したいが店長候補になる人間がいない	1	次期店長候補を決めた上で、店長業務を教えていく
2	アルバイトスタッフがなかなか育たない	2	アルバイトスタッフの育成や評価の仕組みを構築する
3	社員の離職率が高い	3	評価制度の構築や労働環境の改善を目指していく
4	アルバイトスタッフがなかなか採用できない	4	アルバイトの紹介制度を構築する
5	直営だけで5店舗の出店を実現するのは困難	5	のれん分けや社員独立などの仕組みを構築する

	「物」の課題		「物」の課題の解決策
1	商品の味ブレが発生しており、全店で同じ品質が維持できていない	1	全店共通の料理は本店で一括仕込み（セントラル化）をする
2	物件情報が乏しい	2	ビールメーカーや地元の不動産屋と定期的にコンタクトをとる
3	仕入れ業者との馴れ合いが発生している	3	WEBシステムを活用した合見積もり体制の構築
4	時流を意識した商品が販売できていない	4	月に一度は料理長と一緒に繁盛店を見に行くようにする
5	店の清掃が行き届いていない	5	清掃スケジュールをしっかりと決めた上で毎月チェックするようにする

	「金」の課題		「金」の課題の解決策
1	原価率が高い	1	単品毎の原価率を算出した上で、原価高の原因を探る
2	人件費が高い	2	日々適正人件費を意識した上でシフトを組むようにする
3	利益率が低い	3	日々の利益を集計できるように「日次決算」の仕組みを構築する
4	毎月の目標売上が決まっていない	4	年間予算をしっかりと決めた上で店舗運営を行なう
5	販促が行き当たりばったり	5	3ヶ月先の販促を毎月の店長会議で話し合って決めるようにする

「絵に描いた餅」では意味がありません。

それでも、「今の経営状態では、これ以上借入ができない……」「毎年3名の新規社員の採用は現実的ではない……」というような場合は、「3年以内にプラス5店舗の出店を実現する」ことは絶対不可能なのか……。答えはノーです。考え方を切り替えることによって、達成できる場合もあります。

たとえばここに、「社員独立制度」や「フランチャイズ化」という考え方を入れてみてはどうでしょうか？　自社の経営資源（人・物・金）だけではなく、仲間（社員独立）やパートナー（フランチャイズ）の経営資源を活用して出店するという方法もあります。

その場合、経営ビジョンは次のように修正されます。

「3年以内に、グループでプラス5店舗の出店を実現する」

「社員独立制度」については、後ほどくわしくお話しをさせていただきます。まずは、店や会社の未来をしっかりと定め、その未来に向かうために仲間達と一丸となって経営課題を解決していくというストーリーを創ってみてください。

そして、そのストーリーをしっかりとスタッフに伝えて共有していくことが重要です。

4 「あっと言う間に経営理念を店内に浸透させる方法」

ここでは最初に、経営理念の大切さについてお話しをさせていただきます。飲食業に限らず、人を使ってビジネスを行なうには「経営理念」が非常に重要になります。

私は、経営理念には大きく分けて2つの役割があると思っています。ひとつ目は「働くスタッフに方向性を示す」役割、2つ目は「トップ自身が方向性を見失わないようにする」役割です。経営理念の大切さを説明する上で、わかりやすい図を用意しました。まずは32ページ図「経営理念の役割」を見てください。

まず最初に、経営理念とは何なのか。ここでは、「船の航海」にたとえてお話しをさせていただきましょう。たとえば、会社を「船」とするならば、社長は「船長」、従業員は「船員」ということになります。みなさんは、この船で大海原を航海しています。船に乗船した瞬間、船長から次のように言われました。

「もっと早く船を漕げ！」

このように船長から言われたら、みなさんはどう思うでしょうか？

●経営理念の役割

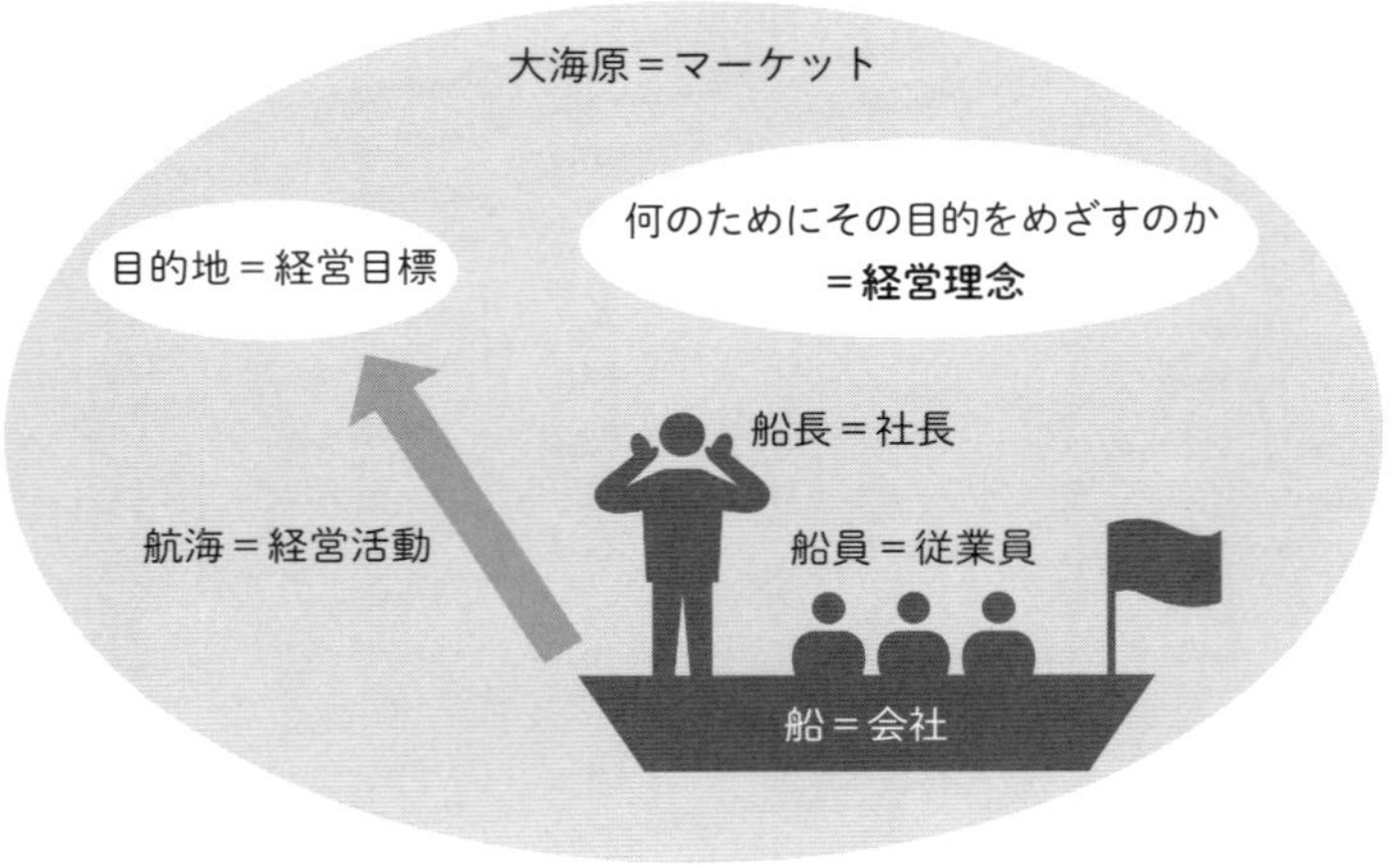

「そもそも、この船はどこに向かうのだろう？」

こんな風に感じないでしょうか？

大切なことは「この船はどこに向かっているのか？」「そこに向かう理由は何か？」ということを、しっかりと船員（従業員）に伝えておくことです。

■そこに向かう理由＝経営理念
　⇓この会社が存在する意義

■どこに向かっているのか＝経営目標
　⇓目標数値や会社の向かう将来ビジョン

これらがはっきりとしていないと、どんな指示を出しても下のスタッフは自主的に動きません。つまり、モチベーションが上がらないのです。

行先の決まっていない船は、「幽霊船」と同じです。誰も幽霊船になんか乗りたくないですよね。あなたの会社も、いつの間にか幽霊船になっていませんか？

これで経営理念の大切さに関してはイメージしていただけたかと思います。そして、何より経営理念で重要なのは「経営理念の浸透」です。どんなによい経営理念でも、職場に浸透しなければ何の意味もありません。私は、経営理念を浸透させていく上では「ボトムアップ型」の経営理念浸透が重要であると考えています。

経営者が、スタッフに対して一方的に経営理念を伝える浸透の仕方が「トップダウン型」です。多くの企業が、この「トップダウン型」で経営理念を浸透させようとしていますが、うまくいっていません。なぜでしょうか？　以前私がある企業で行なった「みなさんが経営理念を意識できない理由を教えてください」というアンケートで上位に来た3つの回答です。

①経営理念が抽象的すぎて、具体的に何をしてよいかがわからない
②いくら、文字や言葉で経営理念を伝えられても頭に残らない
③経営者から一方的に経営理念を伝えられると押し付けられている感じがする

たしかに、言われてみるとその通りですね。

では、「ボトムアップ型」の経営理念浸透とは、具体的にどのように進めていけばいいのでしょうか。私は「アワード制度」を推奨しています。アワード制度とは、表彰制度のことです。やり方は簡単です。経営理念や行動指針を定めた上で、それらを実行できているスタッフを表彰するのです。

たとえば、経営理念が「お客様が家族で楽しく食事をできる空間を提供する」であったとします。これと連動する形で行動指針を定めます。つまり、行動指針では「お客様が家族で楽しく食事をできる空間を提供する」ために、日々行なうべき行動を設定していきます。さらに、その行動指針一つひとつを賞の項目にしていくのです。

私のご支援先の企業様では、年に1回このアワードを実施しています。

アワードでは、それぞれの賞を受賞したスタッフにみんなの前でスピーチをしてもらいます。もちろん、報奨金等も支給されます。

受賞者にはみな、自分が受賞した賞に関して日々気をつけているスタンスや、取り組み等を一所懸命に仲間達の前でスピーチをしてもらいます。

聞いている他のスタッフも日頃一緒に働く仲間の晴れ姿ですから、一所懸命スピーチを聞きます。

実は、これが一番スタッフの心に響くメッセージとなります。

経営者がいくら口を酸っぱくして一方的に経営理念を伝えるよりも、経営理念そのものや、経営理念と紐づく行動指針を実践して表彰された仲間からのメッセージのほうが圧倒的に心

●経営理念と行動表彰の一貫性

経営理念			
お客様が家族で楽しく食事をできる空間を提供する			
行動指針			表彰項目
①	お客様が安心して食事ができるよう、常に店舗を清潔に保ちます	⇒	ベストクレンリネス賞
②	お客様に対しては常に最高の笑顔で接します	⇒	ベストスマイル賞
③	いつも仲間の事を想い、いつも仲間を助けます	⇒	ベストリーダー賞
④	お客様に感動を与えるサービスを提供し続けます	⇒	ベストサービスマン賞
⑤	いつも真心のこもった最高の料理を提供します	⇒	ベストシェフ賞

に響くのです。つまり、「経営理念を浸透させる」というマインドから「経営理念や行動指針を体現しているスタッフを発掘する」というマインドに切り替えるのです。全行動指針を完璧に実践できている人間はなかなかいないと思いますが、一つ、二つなら必ず実践しているスタッフがいるはずです。そういうスタッフを見つけて、その本人から仲間にメッセージを伝えてもらうのです。こうしてメッセージを受け取ったスタッフは、「あの人と同じ行動をすれば自分も受賞できるかも」と思います。そして、実際に行動に移します。これが私の考える「ボトムアップ型」の経営理念浸透です。

実際に私のクライアントで、組織内に経営者の想いや経営理念、行動指針がなかなか浸透しないと悩んでいた会社も「ボトムアップ型」の導入で、大きく理念浸透が進みました。

5 「絶対に知っておくべき社員独立制度のメリットとデメリット」

「あなたは、なぜ飲食店で働くのですか？」

私は、ご支援先の社員の方によくこの質問をします。たいていの場合、回答は左記の5パターンに集約されます。

①独立志向型

「いずれは自分で独立開業したい」という回答。仕事に対するモチベーションは高いが、独立に向けて勉強のために、さまざまな会社に転職を繰り返す傾向がある。

②プロデューサー志向型

「飲食業は好きだけれど、ずっと現場で働くのは嫌」という回答。「業態開発」や「店舗プロデュース」等の業務に関心がある。しかし、飲食店を展開する企業において「業態開発」や「店舗プロデュース」という職種がある企業は非常に限られている。

③ホスピタリティ志向型

「自分と関わるお客様や仲間を幸せにしたい」という人。ホスピタリティが高く、まわりからの信頼も厚い。

④職人志向型

「自分の料理（接客）の腕を磨きたい」という人。ある程度、自店舗の料理（接客）技術を習得すると、他の店の技術を求めて転職を繰り返す傾向がある。

⑤惰性志向型

「今は、何となく飲食業で働いている」という人。モチベーションの源泉は給与や休日といった「低次欲求」である場合が多い。

スタッフにはそれぞれ、その店で働く動機があります。本来であれば、それぞれの動機に合わせて店側も働き方＝キャリアパスを用意してあげればいいのですが、事業規模の小さい店ではなかなか難しいのが実情です。

①～⑤のタイプの中でも、とくに①独立志向型と②プロデューサー志向型のスタッフはモチベーションが高い傾向があり、組織の中では重要な役割をはたしてくれています。1項でお話しをさせていただいた「マズローの欲求5段階説」でいうと、最も高次である「自己実現欲求」を持ったスタッフです。こうしたスタッフは、多くの経営者が右腕スタッフとして

傍に置いておきたいタイプの人材です。一方で、こうおっしゃる経営者さんもおられます。

「独立志向があるスタッフは、いつ辞めるかわからないから採用したくない」

たしかに、こうした考えもわかります。しかし、私が全国の飲食企業を見てきた限りでは、こうした独立志向型の社員は、組織に対してさまざまなメリットをもたらしてくれます。そのメリットは、大きく3つあります。

①仕事に対して、ベターではなくベストの姿勢で取り組んでくれる

②業務スキルが高く、そのノウハウを組織に取り入れることができる

③経営者マインドが備わっており、経営者のよき理解者になってくれる

もちろん、一概には言えませんが、独立志向がある方は全体として右記の3つの特徴があります。また、「いずれは辞めて独立してしまうだろう」という点に関してですが、これは、独立志向があるか否かにかかわらず、他の社員も同じです。では、どうやって「独立志向社員」を組織につなぎ止めておくのか、どうやって「独立志向社員」を採用するのでしょうか。

その答えのひとつが、「社員独立制度」です。最近では業界で注目されている多くの飲食企業が、この「社員独立制度」を取り入れています。大企業の取り組みと思われる方も多いかもしれませんが、比較的小規模な飲食企業のほうが資本面での制約が少なく、社員独立制度を導入しやすい傾向があります。私のクライアントでも、実際に多くの企業様がこの社員独立制度を導入しておられます。そして、この社員独立制度を導入された企業では、さまざまなメリットが出ています。主なメリットは次の通りです。

【社員独立制度導入のメリット】

①「社員独立制度」に魅力を感じ、モチベーションの高い人材が入社するようになった

求人媒体やホームページ、店内ポスター等で「社員独立制度」をうたったことにより、求人の応募件数が増加しました。また、今まではなかなか求人では集まらなかった、モチベーションの高い人材が面接に来るようになりました。

②独立店舗の売上が増加した

これは、実際に社員独立制度を導入された多くの企業様で見られる現象ですが、たいていは独立店舗になったとたんに、売上が5～10％、さらに一部店舗では20％近く伸びています。理由は簡単で、売上増加がそのまま自身の所得の増加につながるため、今までのサラリーマン店長時代よりも圧倒的にモチベーション高く仕事をするようになるからです。

結果的に、ＱＳＣレベルの向上や店舗活性化によって業績がアップするのです。

③経費比率が下がった

これは、②と同じ理由ですが、店長自身が独立経営者になることでコスト意識が生ま

れ、無駄な経費を使わなくなります。たとえば、今まではアイドルタイムに出勤させていたスタッフのシフトを1時間削減したり、業者に毎月依頼していたグリストラップ（厨房排水）清掃を毎日自分たちで小まめにやるようになったりと……今まで気にしていなかった無駄なコストを経営者視点で削減するようになります。

④まわりの社員が憧れる目標になった

たとえ独立社員になっても、店長会議等には参加してもらいます。通常の雇われ店長と異なり、独立社員店長は意識が高く、会議での発言レベルも高いものです。また、ある程度収入に余裕ができたことで生活レベルも向上します。こうした姿を間近で見ている社員は、「自分もこの会社で頑張って、いずれ社員独立を目指すぞ！」という想いになります。

社員独立制度には、もちろん、デメリットもあります。

【社員独立制度導入のデメリット】

①収入が上がった独立社員が怠けるようになった

意外と多いのが、このケースです。収入が増え、ある程度経費等が使えるようになったことで、派手に飲み歩いたりするようになる人がいます。そのうち、店舗にもあまり出なくなり、店舗が乱れ、赤字に転落するというパターンです。

②本部の売上、利益が減少する

通常の社員よりも支払う金額が増えるため、その分店舗の利益が減少することになります。次の項でくわしくお話しをさせていただきますが、運営形態としては大きく、「フランチャイズ形式」と「業務委託形式」があります。フランチャイズ形式の場合、売上は本部計上しなくなりますので、本部の年商規模が減少します。本部の利益は、毎月のロイヤルティー（店舗月商の3～5％）と食材や備品等の販売利益となります。「業務委託形式」の場合、売上は本部計上ですが、仮に今まで月給30万円の社員に、独立後は業務委託費として50万円を支払った場合には、当然本部の利益は減少してしまいます。

こうしたデメリットをクリアしながら、具体的にどのように「社員独立制度」を構築していけばよいかに関しては、次の項でお話しをさせていただきます。

6 「これだけ押さえておけば社員独立制度は作れる」

前の項では、社員独立制度導入によるメリットとデメリットをお伝えさせていただきました。この項では、デメリットの解決方法や、具体的な社員独立制度の構築方法に関してお話しをさせていただきます。

もう一度、社員独立制度導入のデメリットをおさらいしてみましょう。

①収入が上がった独立社員が怠けるようになった
②本部の売上、利益が減少する

①に関しては、そもそもその人間が独立候補社員としてふさわしかったのかという問題があります。こうした問題を防ぐためには、事前に社員独立制度に応募できる資格要件をしっかりと定めておく必要があります。資格要件に関しては次のようなものがあります。

【社員独立制度応募資格】

(1)社内研修制度において、「社員独立コース」の受講を終了していること
(2)社員勤続年数3年以上であり、かつ最低1年以上店長または料理長、及びそれに順ずる職務を経験していること
(3)経営理念に賛同をしており、経営理念をしっかりと体得・体現できていること

(4)職務遂行能力、成長意欲ともに非常に高く、経営者としての資質を有していること
(5)コンプライアンスに対する意識が高いこと
(6)他の社員から独立に関して、賛同を得ていること

これは、あくまでも一つの例ですが、最低限「経営理念への賛同」「経営者としての資質」「業務スキル」「他のスタッフからの賛同」この4つは重要になります。

次に、具体的に社員独立制度とはどのような制度なのか。まずは、大きく分けて左記の2つのパターンがあります。

①既存店の売却を行なう場合

既存店を独立希望社員に売却するパターンです。店舗の売上は独立社員の法人または個人に計上されるので、本部の年商規模は減少します。売却金額に関しては、簿価や返済残高、譲渡する設備などが大きく影響するため一概には言えませんが、一般的には年間営業利益＋年間減価償却費の合計3～5年にするパターンが多いようです。売却後に本部と同じ屋号で営業する場合には、「フランチャイズ契約」を締結した上で、毎月売上に対して3～5％程度のロイヤルティーを徴収するパターンもよく見られます。

②既存店を貸し出す場合

既存店の運営を、独立希望社員に委託するパターンです。店舗の売上やほとんどの経費は本部に計上したままなので、本部の年商規模は減少しません。独立希望社員と本部は「業務委託契約」等を締結し、定額、変動、もしくは定額＋変動、いずれかの業務委託費を支払います。一般的には、独立希望社員の年収が６００万円（月収50万円）以上になるように設定するケースが多いようです。理由としては、年収があまりにも低いと、そもそも独立の魅力が薄れてしまうからです。また、毎月の委託費は少なく設定した上で、本部主導の「店舗買取り金積み立て」を行ない、一定期間が経過した段階（約２～5年）で、独立社員に店舗を売却するパターンもあります。この場合、売却後は①と同様の「フランチャイズ契約」となります。なお、店舗売却の際に本部主導で行なっていた「積立金」を本部から出資した場合は、その独立社員（店舗）は、本部のグループ経営者（店舗）となります。細かい話になりますが、独立店舗の売却（投資）金額に対して出資比率を変えることで、「関連会社」や「子会社」とすることも可能です。

他にも「新しく店舗を立てる」などのパターンもありますが、独立社員のために新しく店舗を作るのは投資リスクが大きくなりすぎるのでおすすめしません。たいていは、「店舗を売るのか？ 貸すのか？」のいずれかになります。

この話をさせていただくと、多くの経営者が次のように言います。

「たしかに、独立社員に年収600万円を払えたらすばらしいが、そんなことをしたら本部の利益が減ってしまうじゃないか」

たしかに、本部の利益が減ることが予想されます。しかし、私のご支援先では独立店舗にした後のほうが売上、利益ともに増加したケースもあります。実際の実績数値を使って説明させていただきます。


月商600万円の店舗を、業務委託形式で社員独立店舗にしたケースです。

47ページの数値実績表をご覧ください。まず売上に関してですが、業務委託後は10%アップの660万円（①）となっています。この理由は前の項で述べた通り、今までの雇われ店長時代よりも圧倒的にモチベーション高く仕事をするようになり、QSCレベルの向上や店舗活性化が進んだ結果です。

また原価率に関しても、独立店長がロス対策に対して厳しくなったことなどが要因で1%低減しています（②）。社員人件費に関しては、独立社員とは雇用関係にないため、給与としては計上されません（③）。

その他経費に関しては、今まで外注していた清掃費の削減などにより1％の低減となりました（④）。

これにより、店舗利益は業務委託前より60万円多い１２０万円（⑤）となっています。当然、独立社員の人件費が計上されていませんが、それを加味しても30万円以上利益がプラスになっています。

次に、独立社員に支払う業務委託費を見ていきます。業務委託費に関しては「固定」「変動」「固定＋変動」といろいろなパターンがありますが、ここではわかりやすく説明するために、月50万円（年収６００万円設定）の固定で考えています。

店舗利益１２０万円に対して、業務委託費を50万円支払っても、残りの71万円を店舗使用料として本部利益にすることも可能です（⑦）。業務委託前の店舗利益が60万円でしたから、利益で10万円のアップになります。

このケースは、独立社員のモチベーションアップにより売上アップとコスト削減を実現することが前提ですが、社員独立制度は上手に運用すれば、

ＱＳＣレベルの向上＝お客様のメリット

収入の向上＝店長のメリット

本部利益の向上＝会社のメリット

●社員独立後の数値実績

A	B	C	D	E	F	G	H
		金額			構成比		
		現状	業務委託後	差異	現状	業務委託後	差異
1	売上高	600万円	①660万円	60万円	100.0%	100.0%	0.0%
2	売上原価	192万円	205万円	13万円	32.0%	31.0%	②−1.0%
3	売上総利益	408万円	455万円	47万円	68.0%	69.0%	1.0%
4	社員人件費	30万円	③ −	−30万円	5.0%	0.0%	−5.0%
5	その他人件費	144万円	158万円	14万円	24.0%	24.0%	0.0%
6	（人件費計）	（174万円）	（158万円）	（−16万円）	（29.0%）	（24.0%）	（−5.0%）
7	減価償却費	35万円	35万円	−	5.8%	5.3%	−0.5%
8	賃料	49万円	49万円	−	8.2%	7.4%	−0.8%
9	その他経費	90万円	92万円	2万円	15.0%	14.0%	④−1.0%
10	経費合計	348万円	334万円	−14万円	58.0%	50.7%	−7.3%
11	店舗利益	60万円	⑤121万円	61万円	10.0%	18.3%	8.3%

	項目	現状	業務委託後	差異
12	店舗利益（税引前営業利益）	60万円	121万円	61万円
13	業務委託費（独立社員収入）	−	⑥50万円	50万円
14	店舗使用料（本部利益）	−	⑦71万円	71万円

上記3つのメリットを生み出すことも可能です。

「この店で頑張れば、こんな俺でも社長になれるんだ！」

社員独立制度を通じて、そんな想いを実現できる店舗を作っていってください。

相談内容

アルバイトさんから、
「うちのお店って
ブラック企業ですか？」
と聞かれました

2章 ブラック企業と言われないための人材管理術

1 「あなたの店がブラック企業という噂が広まる前にやるべきこと」

突然ですが、質問です。「社長、うちの店ってブラック企業ですか？」このように聞かれたら、みなさんはどう答えますか？「たしかに、うちの店は長時間労働だけど、飲食業はどこの店もそうだから仕方がないのだよ！」「飲食業には夢がある！　今はしんどくても、いずれはその夢が叶うよ！」

こうした受け答えをされる飲食店オーナーさんも多いと思います。

私も、飲食業界で働いていた時期が長いので、飲食業は長時間労働が多いという事情はわかっているつもりです。ただ、ここで理解をしなくてはならないのは、昔と違って飲食＝長時間労働という「ブラックイメージ」がかなり広がってきてしまっているということです。

その原因として、最近ではメディアでも「ブラック企業」という言葉が多く報道されるようになりました。さらには、「ブラック企業大賞」なる賞もよく取り上げられています。

大手外食チェーンの長時間労働などに関しては、ニュース等で特集が組まれることも多くなりました。実際に店長や幹部が書類送検をされたというニュースもよく目にするようになりました。こうした風潮の中で、飲食業に対して「ブラック企業」のイメージを持つ若者も少なくありません。さらには、これらのイメージが広がり、飲食業を目指す若者が減っている傾向があるという現実もあります。人材獲得難に関しては、実際に飲食業を営んでおられるみなさんが一番実感していることだと思います。こうした風潮は、飲食業界に長く関わってきている私としてもとても複雑な気持ちですが、だからこそ、人材を確保し、定着率を高めていくためには、「労働環境の改善」は避けられない課題です。なお「労働環境」とは、一般的には職場の温度や湿度等の空間的要素を指しますが、ここではあえて労働時間も含めた労働条件なども「労働環境」としてお話しをさせていただきます。先日ご相談に来た社長様も「長時間労働」に悩んでいました。

「キッチンの社員が、長時間労働が辛くて、採用してもすぐに辞めてしまう」というご相談です。こちらの社長様は、老舗の洋食レストランを3店舗経営されておられます。3店舗にはそれぞれ社員がおり、本店の料理長が総料理長として全店のメニューを決定・管理していました。早速、お店に訪問をして状況を確認させていただきました。

まずはじめに、料理長にヒアリングを実施させていただきました。

三ツ井「入社した人材が、なかなか定着しないということですが、料理長が思いあたる原因は何かありますか？」

料理長「最近の若い人は、本当に根性がないですね！　ちょっと仕事がきついとすぐに辞めてしまうでしょ。うちは、本格的な味がお客様から評価されているんだから、料理に手を抜くわけにはいかないんですよ。むしろ、中途半端な社員だったらとっとと辞めてもらってもかまわないですけどね！」

横で聞いていた社長も、思わず苦笑い……。

この店は、人材不足になる典型的な飲食店の例です。こちらの料理長は昔ホテルでシェフをされていた方で、しっかりと修行もしてこられたので、若手社員に対して非常に厳しい指導をしています。このようなやり方でも人が育っていれば問題はないのですが、実際に入社した社員のほとんどが辞めてしまっているという現実があります。

しかも、求人をかけてもほとんど応募がないという状況が続いています。お客様の店に対する口コミと一緒で、労働環境が悪い店の噂は地域でも広がります。

「あそこの店はブラック企業だ！」

一度広がってしまった悪い噂を払拭するのはたいへんです。とくに地方では、こうした噂はすぐに拡散します。こうした噂が広まる前に、対策を行なっていく必要があります。お客様に高いクオリティの商品を提供するために妥協をしないことは大切です。しかし一方で、労働環境の改善にも取り組んでいかなければなりません。難しいようですが、これら二つに取り組んでいかない限り、これから飲食業として生き残っていくことはかなり難しくなるでしょう。

三ツ井「社長、今から労働環境の改善に取り組んでいかないと、近い将来、営業すらできなくなってしまいますよ」

社長「たしかに、三ツ井さんの言っていることはわかるのですが、労働環境の改善を行なうと、その分人件費が高騰してしまいます」

労働環境の改善＝人件費の高騰

これこそが、飲食店で労働環境の改善が進まない原因です。
なぜなら、労働環境を改善するということは、

例1）社員の勤務時間を短縮する（休日を増やす）
＝アルバイトの労働時間が増える＝アルバイトの人件費が増える＝利益が減る

例2）定休日を設ける＝売上が下がる＝利益が減る

●労働環境改善による人件費の増加

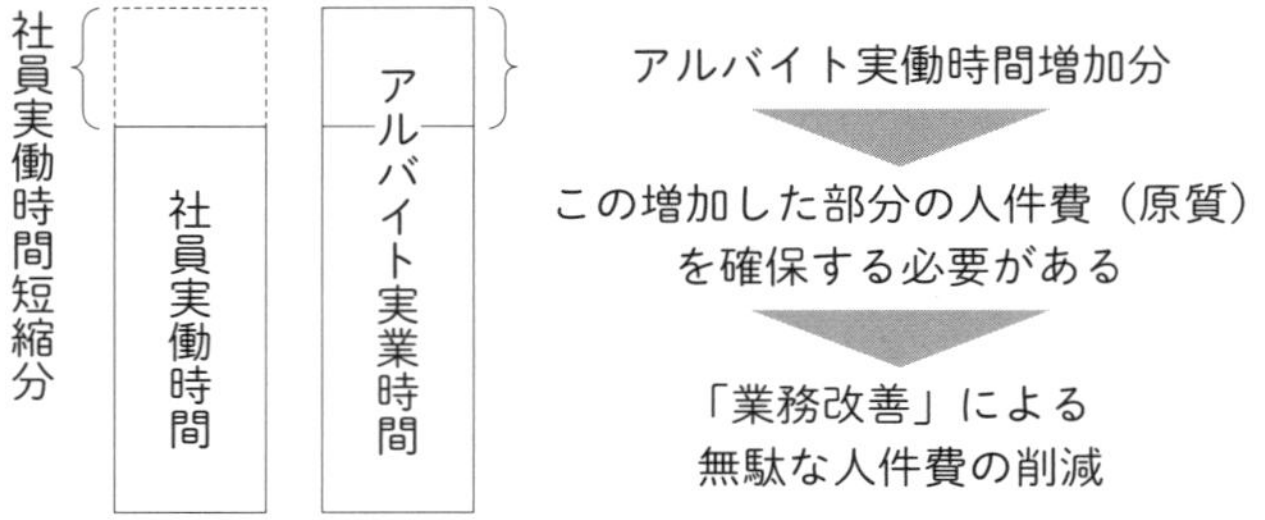

つまり、労働環境の改善を行なう上では、「原資」となる利益を確保しなければなりません。では、この「原資」をどうやって捻出するのか？

「社員の給与を減らす」

「アルバイトの時給を減らす」

もちろん無理ですね。方法はただひとつです。「業務改善」を行ない、無駄な人件費を削減していかなくてはなりません。

2章では、正しい人件費管理術についての具体的なノウハウをお伝えさせていただきます。

2 「絶対にやってはいけない人件費の削り方」

「人件費の削減」

飲食店を経営されている方であれば、幾度となくこの問題にチャレンジしていると思います。よく見かける飲食店での会話です。

社長「店長！　売上が厳しいから、もっと人件費を削減しなさい」

店長「すみません。申し訳ありません。アルバイトを1名削って、人件費を削減します！」

みなさんの店でもこんなやり取りはないでしょうか？

残念ながら、この店のように人件費削減を「精神論」や「感覚」でやろうとすると、必ず取り返しのつかないことになります。

まずはじめに、精神論や感覚で人件費削減を行なった場合にどのようなリスクがあるのかをしっかりと押さえておきましょう。ここでは、私が実際に体験した失敗事例でお話しをさせていただきます。

大学を卒業してすぐに飲食店の店長になった私は、売上不振に悩んでいました。いろいろと売上アップの対策をしましたが、思ったように売上は上がりませんでした。

そこで、次に着手したのが人件費の削減でした。当時は店舗マネジメントの理論等を一切知らなかった私は、「精神論」「感覚」に頼って人件費削減をしてしまいました。

具体的には、シフトをどんどん削っていきました。日々下がっていく人件費の数値を見ながら、「よし！　この調子でいけば赤字も解消されるな！」と思っていました。しかし、当然ながらそう簡単にはいきませんでした。「精神論」「感覚」で人件費削減を行なったことでさまざまな問題が起こりはじめました。

○問題その1「サービスレベルが低下する」

ピークタイムのアルバイトスタッフを1名削減したことにより、サービスレベルが明らかに低下してしまいました。キッチンから料理が出ても、運ぶスタッフがいない。お客様からは提供の催促をいただく、キッチンからは「早く料理を持っていって！」という罵声が飛ぶ。ようやくお客様に料理を運んでも、料理はすでに冷めていて、お客様からさらにお叱りをいただく。こんな最悪な状態にハマってしまいました。常連さんからも、「最近スタッフが足りていないのかな？　前みたいな細やかなサービスがなくなったね」と言われてしまいました。よくしていただいていた常連のお客様からのこの一言は、正直とてもショックでした。

○問題その2「社員の労働時間が長時間化する」

社員は固定給なので、人件費を削減しようとすると、基本的にはアルバイトの勤務時間を削減することになります。アルバイトが働けない分は社員が補塡しなくてはならないので、結果的に社員の労働時間は長時間化し、社員の疲弊につながります。

私としては、店の利益を考えての人件費削減だったのですが、一緒に働く社員も長時間労働が多くなり、人件費削減に賛同しない意見が増えていきました。そんな中でも、私は「今はたいへんだけど店のためにも、ここをみんなで乗り切ろう!!」と一人で息巻いていました。しかし、このような私の「精神論」に賛同してくれるスタッフはおらず、このあたりから店内のスタッフ間の関係もだんだんとギクシャクしていきました。

○問題その3「アルバイトの不満が増える」

人件費削減のためにアルバイトの労働時間を削ることで、アルバイトスタッフから不満が出はじめました。しかし、私としては「店の利益のためだ!」と割り切って、アルバイトさんの不満に対してはあまり対応していませんでした。

こんな状況で、約2ヶ月間ほど営業しました。大幅な人件費削減の効果も出て、赤字だった店は数千円ですが黒字化しました。黒字化した損益計算書を見たときは本当にうれしかったのを覚えています。しかし、そんな喜びも一瞬で吹き飛ぶ出来事が起こりました。

ある日出勤すると、一人の社員から「三ツ井さん、ちょっといいですか」と呼ばれました。

休憩室に行くと、そこにはその社員の他に2名のアルバイトさんが座っていました。そしてこう言われました。

「人件費を削りたいのはわかりますが、店の接客レベルも落ちているし、社員は労働時間が増えて、アルバイトさんたちは勤務時間が減って生活できない状況になっています。みんなもうこれ以上、三ツ井さんにはついていけない！　辞めたいと言っていますよ！」

自分としては、店のためによかれと思ってやっていた「人件費削減」が、ここまで店に悪影響を与えているとは、このように指摘をされるまでは気づいていませんでした。

そして、実際にこの社員1名とアルバイトスタッフ2名が退職してしまいました。

このときは本当に落ち込みました。誰にも相談できず苦しい日々を過ごしました。こうなると、日々の仕事もしだいに憂鬱になってくるものです。店長が憂鬱になると、店の雰囲気はすぐに悪くなります。店の雰囲気が悪くなると、当然ながら売上も低下していきます。

まさに負のスパイラルです。このようなケースは何も珍しいことではありません。日本全国の店長さんとお話をしていると、当時の私とよく似た問題で悩まれている店長がかなり大勢います。

「人件費を削らなくてはならない。けど、店のレベルも保たなくてはならない」

この、一見トレードオフな問題をどのように解決していけばいいのか？　次の項目では具体的な手法に関して、ご説明させていただきます。

3 「無駄な人件費がみるみる削減されるワースケ会議」

前項では「絶対にやってはいけない人件費の削り方」をお伝えさせていただきました。ここでは、正しい人件費削減の仕方に関してお話をさせていただきます。まず初めに、みなさんは自店の「ワークスケジュール（ワースケ）表」を作成していますか？「ワークスケジュール表？　何それ？　シフト表のこと？」と思われた方もおられると思います。ワークスケジュール表とシフト表は、別のものです。61ページの上表は、人件費の高騰に悩むとある居酒屋店のシフト表です。

このように、スタッフそれぞれの日々の出勤・退勤時間を記載したのが一般的なシフト表です。シフト表はスタッフ等に配布するときは便利ですが、人件費削減を行なう際にはあまり役に立ちません。みなさん、この店のシフト表を見て、人件費がどれくらい削減できるかわかりますか？

私はこの表を見ただけでは、どれくらい人件費が削減できるかわかりません。無駄な人件費を削減するには、勤務状況の見える化をしなければなりません。そこで必要になるのが、下段にあるワークスケジュール表です。では、このシフト表の4月1日をワークスケジュール表に落とし込んでみます。

ワークスケジュール表では、1時間ごとに誰が勤務しているかを表に記入していきます。さらには「目標（実績）売上」「人時売上高」「合計人件費」「人件費率」等のデータが見られるようになっています。このように、ワークスケジュール表を使って勤務状況の見える化をして、初めて無駄な人件費を見つけることができるのです。

この表では、4月1日の計画では人件費が40％となってしまっています。みなさんご存知の通り、飲食店で人件費率40％はかなり高い状態と言えます。そこで、シフトを作成しているホールとキッ

21時	22時	23時	24時	合計	人件費
1	1	1		8	10,000
				5	4,750
1				5.5	5,225
1	1			5	4,750
1	1	1		8	10,000
1	1	1		8	7,600
1				6	5,700
6	4	3	0	45.5	48,025

●シフト表

シフト表

氏名	部署	区分	4月1日	4月2日	4月3日	4月4日	4月5日	4月6日	4月7日
			月	火	水	木	金	土	日
坂本さん	ホール	社員	15－24	15－24	15－24	休み	15－24	15－24	15－24
山田さん	ホール	アルバイト	15－20	休み	16－20	16－20	16－20	休み	16－20
田中さん	ホール	アルバイト	16－22	16－22	16－22	休み	16－22	16－22	16－22
加藤さん	ホール	アルバイト	18－23	18－23	18－23	18－23	休み	18－23	18－23
吉田さん	キッチン	社員	15－24	15－24	15－24	15－24	休み	15－24	15－24
山本さん	キッチン	アルバイト	15－24	15－23	15－23	休み	15－23	15－23	15－23
川村さん	キッチン	アルバイト	16－22	16－22	休み	16－22	16－22	休み	16－22

●ワークスケジュール表

ワークスケジュール表【4月1日】

氏名	部署	区分	時給	14時	15時	16時	17時	18時	19時	20時
坂本さん	ホール	社員	－		1	1	1	1	1	0
山田さん	ホール	アルバイト	950		1	1	1	1	1	
田中さん	ホール	アルバイト	950			1	1	0.5	1	1
加藤さん	ホール	アルバイト	950					1	1	1
吉田さん	キッチン	社員	－		1	1	1	1	0	1
山本さん	キッチン	アルバイト	950		1	1	1	0	1	1
川村さん	キッチン	アルバイト	950			1	1	1	1	1
合計				0	4	6	6	5.5	6	5

売上目標（実績）	¥120,000
人時売上高	¥2,637
合計人件費	¥48,025
人件費率	40%

21時	22時	23時	24時	合計	人件費
1	1	1		8	10,000
				5	4,750
1				5.5	5,225
1	1			5	4,750
1	1	1		8	10,000
1	1	1		8	7,600
1				6	5,700
6	4	3	0	45.5	48,025

チンの社員にそれぞれヒアリングをしてみました。

三ツ井「なぜ、この日はこのようなシフトにしたのですか？」

社員「基本的にはアルバイトさんのシフト希望をベースにシフトを組んでいるんですよ」

本来シフトというものは、売上計画に基づいて作成するべきものです。この店のように、アルバイトさんの希望をそのままシフトに反映していたら、人件費は必ず高騰していきます。

三ツ井「何とか人件費を削減したいのですが、シフト削減はできそうですか？」

社員「いや～、無理ですね。忙しい時間は今の人数でもギリギリですから。これ以上シフトを削ったら店が回らなくて、お客さんからクレームが出てしまいますよ」

こんなやり取り、みなさんの店でもありませんか？

人件費の無駄を削減するというのは、何も「忙しい時間の人員を無理に削減すること」ではありません。あくまでも、「無駄」を削減することが目的です。この「無駄」を見つけるときに、ワークスケジュール表が役に立つのです。

ワークスケジュール表【4月1日】

氏名	部署	区分	時給	14時	15時	16時	17時	18時	19時	20時
坂本さん	ホール	社員	－		1	1	1	1	1	0
山田さん	ホール	アルバイト	950		1	1	1	1	1	
田中さん	ホール	アルバイト	950			1	1	0.5	1	1
加藤さん	ホール	アルバイト	950					1	1	1
吉田さん	キッチン	社員	－		1	1	1	1	0	1
山本さん	キッチン	アルバイト	950		1	1	1	0	1	1
川村さん	キッチン	アルバイト	950			1	1	1	1	1
合計				0	4	6	6	5.5	6	5

上記は、先ほどのワークスケジュール表で気になる部分を黒塗りにしたものです。

たとえば、ホールのアルバイトの山田さんですが、15時からシフトに入っていますが、本当に15時から必要でしょうか？　16時からではオープン準備は間に合わないのでしょうか？　逆に、16時出勤で間に合うようにするためにはどうすればよいのでしょうか？　このような思考を持つことが重要です。これは、キッチンでも言えることです。山本さんは15時出勤じゃないと間に合わないのでしょうか？　また24時まで残らないとダメなのでしょうか？

「できない発想」では、絶対に無駄は削減できません。

このようにピーク時間ではなく、シフトの「イン」と「アウト」の時間の無駄を削減していくことがとても重要です。この削減案を実行した場合、1日4時間を削減できることになります。「たった4時間」と思

	21時	22時	23時	24時	合計	人件費
	1	1	1		8	10,000
					4	3,800
	1				5.5	5,225
	1	1			5	4,750
	1	1	1		8	10,000
	1	[redacted]			5	4,750
	1				6	5,700
	6	3	2	0	41.5	44,225

われるかもしれませんが、こうした積み重ねがとても大切です。

この4時間を削減しただけでも、人件費率は36・9%まで低下します。当初の計画では40%でしたから、約3%の人件費削減となります。つまり、約3%利益が増加したことになります。あとは、実際にこのシフトで運営するためにはどのような業務改善が必要かを考えていきます。

山田さんは、15時から16時の間、何の作業をしているのか？

山本さんは、15時から16時、22時から24時の間、何の作業をしているのか？

このように、業務の棚卸を行なっていきます。実際に、アルバイトさん本人や社員の方々とミーティングをした結果、業務改善で4時間の削減が可能であることが判明しました。

ワークスケジュール表【4月1日】

氏名	部署	区分	時給	14時	15時	16時	17時	18時	19時	20時
坂本さん	ホール	社員	–		1	1	1	1	1	0
山田さん	ホール	アルバイト	950			1	1	1	1	
田中さん	ホール	アルバイト	950			1	1	0.5	1	1
加藤さん	ホール	アルバイト	950					1	1	1
吉田さん	キッチン	社員	–		1	1	1	1	0	1
山本さん	キッチン	アルバイト	950			1	1	0	1	1
川村さん	キッチン	アルバイト	950			1	1	1	1	1
合計				0	2	6	6	5.5	6	5

売上目標（実績）	￥120,000
人時売上高	￥2,892
合計人件費	￥44,225
人件費率	36.9%

数店舗展開されている企業なら、このワークスケジュール表を使用した「ワースケ会議」がかなり効果的です。この会議のやり方は簡単です。先ほどのようなワークスケジュール表を用意します。そして、全店のメンバーで各店のワークスケジュールに関して議論をするのです。するとこんな会話が生まれます。

A店店長「B店のワークスケジュールですが、17時からキッチン3名は多いと思います」

B店店長「えっ　そう？　でも、野菜の切り出しなんかしていると、3名いないと間に合わないんですよ。逆にA店ではどうやってますか？」

A店店長「うちの店でも、以前は野菜の切り出し等にすごく時間がかかっていましたが、電動スライサー等を導入してからは2名でも十分間に合うようになりましたよ」

このように、他店の業務改善ノウハウを共有することができます。また店長も、会社側から一方的に「人件費を削減しないさい！」と言われるよりも、実際のオペレーションを知っている仲間の店長から無駄を指摘されたほうが、圧倒的に改善に対するモチベーションが高くなります。

ぜひ、みなさんの店でも「ワークスケジュール化」と「ワースケ会議」に取り組んでみてください。

4 「スタッフの戦闘能力を数値化してみる」

スキルマップ導入で戦闘能力を一目瞭然にする

先日、とある飲食店のオーナーと話しをしていてこんな会話がありました。

「うちの店も、全員がアルバイトのAさんぐらいのレベルだったら、もっと少数精鋭で運営できるんだけどな～」

みなさんも、こんな風に思ったことはありませんか？

私はこのようにおっしゃる方には、こう質問をしています。

三ツ井「では、アルバイトのAさんはどんな所がすばらしいのですか？　教えてください」

社長「いやー、彼はとても責任感が強いし、社員並に仕事がこなせるからね」

三ツ井「社長、では〝社員並〟に仕事がこなせるというのは、具体的にどういう仕事ができる状態を言うのですか？」

社長「えっ。具体的にですか？　そう言われると、ちょっとわからないですけど、とにかく彼は仕事ができるんですよ！」

スタッフのレベルアップは望んでいるのだけれど、そもそもスタッフのあるべき姿の基準が決まっていない状態です。私も職業柄、さまざまな飲食店を見ていますが、ほとんどの飲食店はこのような状況です。このような店は、人が育たない典型的なパターンです。また一人ひとりの業務レベルが上がらないため生産性が低く、結果的に人件費も高騰する傾向にあります。

「仕事ができる」という状態が明文化されていないのです。何がどれぐらいできたら、店内のスタッフとしてどれくらいのレベルなのか？　これがわからないと、人材の育成はできません。

つまり、各スタッフの〝戦闘能力〟を見える化していくことが重要となります。

私は、このように各スタッフの戦闘能力を見える化することを「スキルマップ」と呼んでいます。さらに、この「スキルマップ」を帳票に落とし込んだものを、「スキルマップシート」と呼んでいます。

「えっ⁉ そんなことができるの？」と思われた方。できます。ここから具体的なやり方をご説明させていただきます。

【スキルマップシート導入の手順】

①経営理念・行動指針の洗い出し

技術的な習得レベルを図るスキルマップに経営理念や行動は必要ないのではないかと思われる方もおられるかもしれませんが、技術面も含めて店内のすべての行動は、理念や行動指針と紐づいている必要があります。次ページに例を記載させていただきます。

②各業務ポジションごとの業務の棚卸し

このように、各ポジションや業務内容ごとに「あるべき姿」を定めていきます。

もちろん会社によって異なりますが、大きく分けると左記のようなポジション（カテゴリー）になるかと思います。

【ホール】

①経営理念・行動指針、②ドリンクメイク、③商品提供、④オーダーテイク、⑤中間サービス、⑥ご案内、⑦お見送り、⑧電話対応、⑨洗い場、⑩レジ業務、⑪ハンディー操作、⑫クレーム対応、⑬事務作業

【キッチン】

①経営理念・行動指針、②揚げ場、③焼き場、④コンロ場、⑤サラダ場、⑥刺身場、⑦事務作業

③スタッフ個々の習得度合いの見える化

次にこれら、それぞれのカテゴリーのあるべき姿に関して、各個人の業務習得度合いを見える化していきます。

3点…新人スタッフ等に指導できる
2点…忙しい時でも常に正確で素早くできている
1点…完璧ではないが、ある程度意識してできている
0点…まだできていない

●①経営理念・行動指針の洗い出し

①経営理念・行動指針	
(1)	常にお客様が「何をしてほしいか」を察知して行動できている
(2)	出勤時には元気よく笑顔で挨拶ができている
(3)	急なシフト変更などで仲間やお店に迷惑をかけていない
(4)	仲間や店の陰口・悪口を言わない
(5)	常に自主的に仕事を行なっている

●②ポジションごとの業務の棚卸し

ホール	②ドリンクメイク
(1)	すべてのドリンクについてレシピ通りに素早く作れる
(2)	ドリンクの特徴をお客様に聞かれた際に説明できる
(3)	ドリンク場に関して、消費期限管理や衛生管理をしっかりとできる
(4)	ドリンク場に関して、在庫を数えて必要発注量を上司に報告することができる

ホール	③商品提供
(1)	お盆を正しく使い、丁寧かつ素早くお客様に商品を提供する（運ぶ）ことができる
(2)	お客様にお料理のこだわりや特徴を正しく説明することができる
(3)	熱い商品は熱いうちに、冷たい商品は冷たいうちに提供することを意識している
(4)	提供時にはお客様のテーブルの上を意識し提供できている

すると、次ページのような個人のポジション（カテゴリー）ごとの戦闘能力を見える化したスキルマップシートができあがります。

こうしたスキルマップシートを基準にして、各個人のどの部分のスキルが足りないのかを明確化していきます。また、このスキルマップシートでは、ポジションごとの業務スキルがわかるため、このデータを参考に人員配置を行なえば、ポジションごとの生産性を高めることができます。ポジションごとの生産性を高めることは、結果として人件費の削減にもつながります。

さらにグラフ等を活用すれば、そのスタッフの足りていないスキルに関しても一目瞭然です。

実際に、私のクライアントでもこのスキルマップシートを導入してから、劇的に現場のレベルが向上しました。自分が何をしたらスキルが上がっていくかがわかるので、各自の成長に対するモチベーションも上がりました。

さらには、このスキルマップシートを評価とも連動させていくのです。評価制度に関しては、また後ほどくわしくお話しをさせていただきます。

ぜひ、みなさんの店でもスタッフの戦闘能力を見える化するスキルマップシートを導入してみてください。

〈スキルグラフ〉

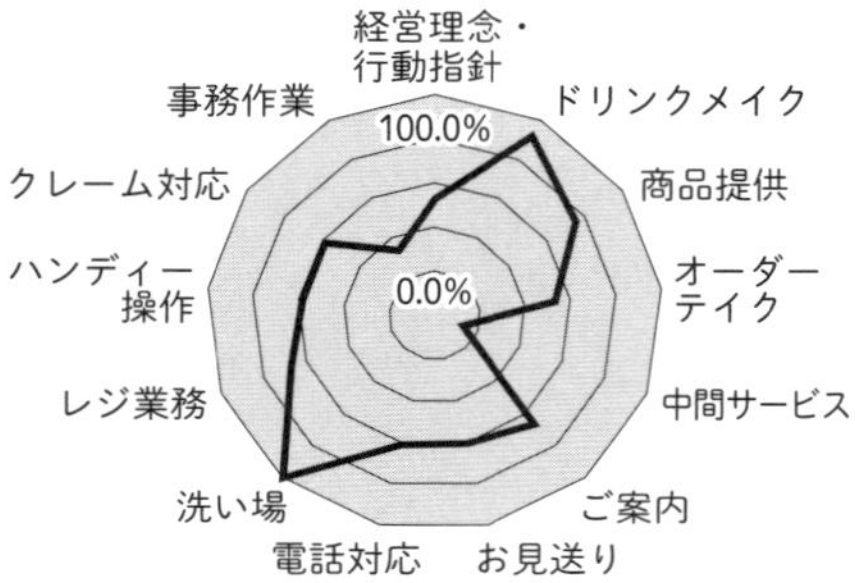

カテゴリー	満点	得点	達成率
経営理念・行動指針	15	8	53.3%
ドリンクメイク	12	11	91.7%
商品提供	12	9	75.0%
オーダーテイク	15	8	53.3%
中間サービス	15	2	13.3%
ご案内	9	6	66.7%
お見送り	15	9	60.0%
電話対応	18	11	61.1%
洗い場	9	9	100.0%
レジ業務	12	8	66.7%
ハンディー操作	12	7	58.3%
クレーム対応	12	7	58.3%
事務作業	15	5	33.3%
合計	171	100	58.5%

スキルマップシート

店舗名	駅前店	氏名	山田太郎	区分	アルバイト

3点…新人スタッフ等に指導できる
2点…忙しい時でも常に正確で素早くできている
1点…完璧ではないが、ある程度意識してできている
0点…まだできていない

カテゴリー	No	内容	評価
経営理念・行動指針	1	常にお客様が「何をしてほしいか」を察知して行動できている	2
	2	出勤時には元気よく笑顔で挨拶ができている	2
	3	急なシフト変更などで仲間やお店に迷惑をかけていない	1
	4	仲間や店の陰口・悪口を言わない	2
	5	常に自主的に仕事を行なっている	1
		合計	8
		達成率	53.3%
ドリンクメイク	1	すべてのドリンクについてレシピ通りに素早く作れる	3
	2	ドリンクの特徴をお客様に聞かれた際に説明できる	3
	3	ドリンク場に関して、消費期限管理や衛生管理をしっかりとできる	3
	4	ドリンク場に関して、在庫を数えて必要発注量を上司に報告することができる	2
		合計	11
		達成率	91.7%
商品提供	1	お盆を正しく使い、丁寧かつ素早くお客様に商品を提供することができる	3
	2	お客様にお料理のこだわりや特徴を正しく説明することができる	2
	3	熱い商品は熱いうちに、冷たい商品は冷たいうちに提供することを意識している	2
	4	提供時にはお客様のテーブルの上を意識して提供できている	2
		合計	9
		達成率	75.0%
オーダーテイク	1	お客様のスピードに合わせて、丁寧にお伺いすることができる	2
	2	商品知識があり、どのような質問にもその場で対応することができる	1
	3	お客様に自店のおすすめ商品を説明することができる	2
	4	お客様にその日のおすすめを積極的に販売することができる	1
	5	お子様等への配慮があり、商品を提案できる	2
		合計	8
		達成率	53.3%

5 「ミニセントラルキッチン化で生産性の向上を図る」

この項では、現場の負担軽減を目的とした「セントラルキッチン化」のお話しをさせていただきます。「セントラルキッチン化」、つまり、今まで各店舗で仕込んで調理していたメニューに関して、セントラルキッチンで一括仕込みを行なうことで調理効率を高めると同時に味の均一化を図るのです。「セントラルキッチン化」と聞くと、みなさんはどうしても、「そんなに大がかりな設備投資をして大丈夫なの？」と思われるかもしれません。たしかに、セントラルキッチンを導入されて経営難に陥る会社もあります。

しかし、セントラルキッチンを導入されて失敗する企業には法則があります。それは、「新規事業への過度な期待による過大な設備投資」です。よくあるパターンとしては、当初は現場の負担軽減という目的であったはずのセントラルキッチン化計画。しかし、話を進める中で経営者の方の中には「セントラルキッチンができれば、そこで自社ブランドの冷凍食品も作ってネット通販などで、一般消費者向けの商品を販売しよう！」という夢を描かれます。いわゆるBtoC（Business to Consumer の略で一般消費者への販売のこと）通販への参入です。経営者の中には、セントラルキッチンで商品を作って、通販サイトに掲載すれば簡単

●飲食店における調理形態

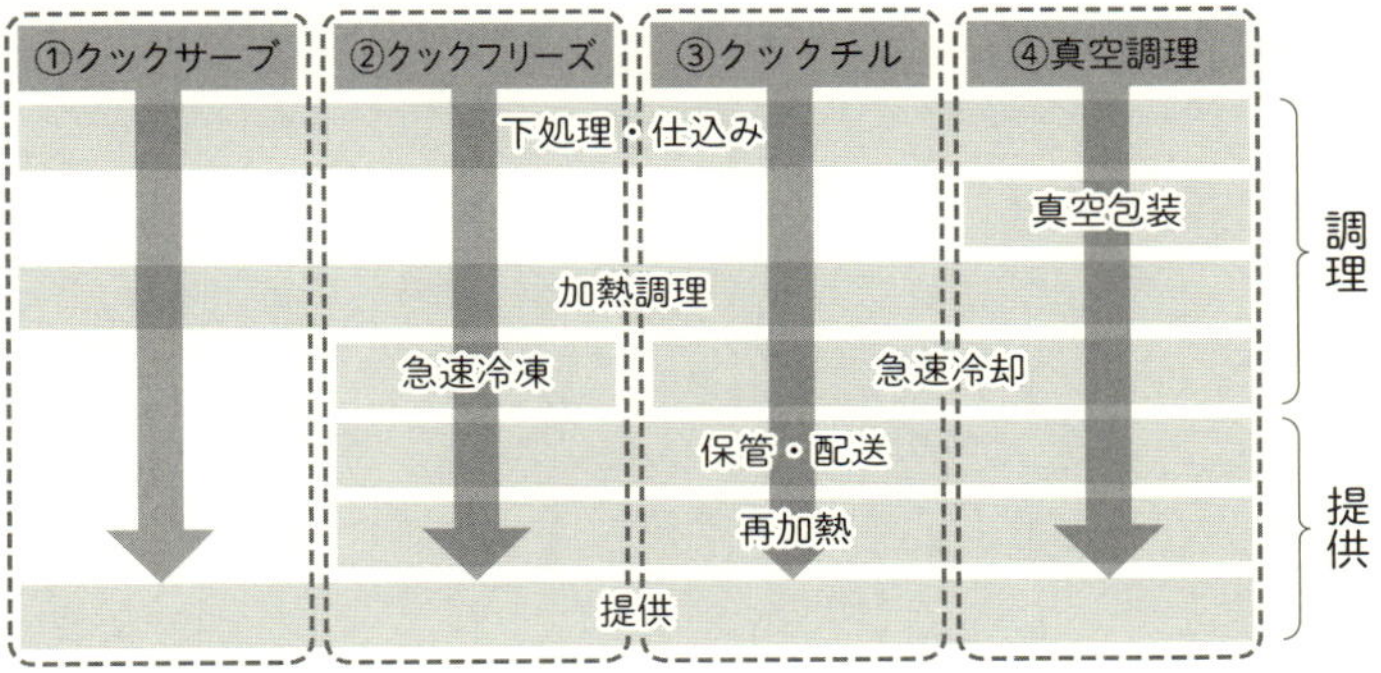

に売上が獲得できると思っている方がおられますが、現実はそう甘くはありません。今の時代においては、競合企業も莫大な数があり、ネット通販で売上を獲得するのは相当難しくなっています。

また、一般消費者がターゲットの商品となると、衛生関連の設備投資も増えるし、包装資材のデザイン等のイニシャルコストに加えて、ネット通販で売上を拡大するための販売促進費も多くかかります。このように、新規事業に甘い期待を抱き、過大投資をすることで投資回収に追われて赤字に転落するのです。

なので、私はあえて「〝ミニ〟セントラルキッチン化」を提唱しています。つまり、店内に最小限の設備を導入し、一括仕込みによる現場スタッフの負担軽減を第一目的とします。

ミニセントラルキッチン化を行なう上で、最低限の知識に関して少しお話しをさせていただきます。一言で「セントラルキッチン」と言っても、さまざまな調理形態があります。ここでは基本的な知識に関してお話しをさせていただきます。まずはみなさん、75ページの表を見てください。

これは、飲食店における代表的な調理形態をまとめた表です。調理形態は大きく4パターンに分かれます。

①クックサーブ【調理と提供が同時進行】

これが、一般的な飲食店の調理形態です。その工程は、

1．下処理 ⇓ 2．加熱調理 ⇓ 3．提供

つまり「オーダーが入ってから作る」パターンです。

【メリット】

(1)できたての料理を提供することができる

(2)ロスが少ない

(3)調理技術の向上が期待できる

【デメリット】

(1)オーダーが入ってから作るので、提供までに時間がかかる

(2)商品力は熟練度によって左右される

【デメリットの解決策】

(1)仕込みの段取り精度の向上

(2)メニューレシピの見直し

(3)教育体制の見直し

②クックフリーズ【冷凍保管による調理と提供の分離】

冷凍技術を利用して、調理と提供を分離して行ないます。その工程は、

1．下処理 ⇓ 2．加熱調理 ⇓ 3．急速冷凍 ⇓ 4．保管・配送 ⇓
5．再加熱 ⇓ 6．提供

下処理と調理をして、完成品にまで仕上げておいた料理を冷凍しておいて、オーダーが入ったら再加熱して提供するパターンです。

【メリット】

(1)一ヶ所で大量調理をすることができる

(2)熟練したスタッフが一括で仕込め、味の均一化が図れる

(3)冷凍保管のため、消費期限を長く設定できる

【デメリット】

(1)製造・保管場所の確保が必要

(2)冷凍による商品の変質
(3)店舗スタッフの調理レベル向上が図りにくい

【デメリットの解決策】
(1)少品種大量生産を基本とした生産計画
(2)冷凍可能な商材の見きわめや最新冷凍技術の活用
(3)調理レベル向上に向けた教育体制の構築

③クックチル【冷蔵保管による調理と提供の分離】

冷蔵技術を利用して、調理と提供を分離して行ないます。その工程は、1. 下処理 ⇓ 2. 加熱調理 ⇓ 3. 急速冷却 ⇓ 4. 保管・配送 ⇓ 5. 再加熱 ⇓ 6. 提供

下処理と調理をして、完成品にまで仕上げておいた料理を冷蔵しておいて、オーダーが入ったら再加熱して提供するパターンです。

【メリット】
(1)一ヶ所で大量調理をすることができる
(2)熟練したスタッフが一括で仕込め、味の均一化が図れる
(3)冷蔵保管のため、商品の変質が少ない

【デメリット】
(1)製造・保管場所の確保が必要
(2)冷蔵保管のため、生産量を間違えるとロスになる可能性がある
(3)店舗スタッフの調理レベル向上が図りにくい

【デメリットの解決策】
(1)少品種大量生産を基本とした生産計画
(2)需要予測を行なった上での生産計画
(3)調理レベル向上に向けた教育体制の構築

④真空調理【真空調理後の冷蔵保管による調理と提供の分離】

冷蔵技術を利用して、調理と提供を分離して行ないます。その工程は、

1．下処理 ⇓ 2．真空包装 3．加熱調理 ⇓ 4．急速冷却 ⇓ 5．保管・配送 ⇓ 6．再加熱 ⇓ 7．提供

下処理をした食材と調味料を真空袋に一緒に入れ、真空器等で真空にした後にコンベクションで加熱調理を行ないます。

【メリット】
(1)少ない調味料で調理することができる

(2)コンベクションオーブン等で自動調理ができる（オートメーション化）
(3)冷却や再加熱が容易である

【デメリット】
(1)真空機やコンベクション等の設備投資がかかる
(2)真空の手間や真空袋のコストがかかる
(3)通常の調理と味の入り方が異なり、試作・研究が必要

【デメリットの解決策】
(1)費用対効果の算出
(2)生産時間の調整
(3)コンベクションメーカー推奨レシピ等の活用

私のクライアントでも、真空調理を導入されている店が多数あります。とある洋食店では、ランチで提供している人気メニューの「煮込みハンバーグ」に関して、本店の厨房内にあるミニセントラルキッチンで一括調理をしています。工程としては、下ごしらえをしたパテを焼き付けて冷まし、デミグラスソースと一緒に真空袋に入れ、真空機で真空に。その後、コンベクションオーブンで加熱調理をし、でき上がったハンバーグを真空袋のまま氷水に入れて急速冷却。こうして完成した「煮込みハンバーグ」を冷蔵保存しておき、オーダーが入っ

たら電子レンジで温め、盛り付けをして提供しています。これにより、「提供時間の短縮」「味の均一化」「現場の負担軽減」を実現されました。

人材不足が加速するこれからの飲食業界においては、こうしたミニセントラルキッチンの導入を検討される企業様が多くなってきています。

今後、飲食店が「ブラック企業」と言われないためには、精神論ではなく、本章でお話しをした「業務改善」の考え方が必要不可欠となります。

相談内容

いくら
料理長を怒っても
原価率が
下がらないんです

3章 料理長のマンパワーに頼らず原価率を下げる7つの実践的ノウハウ

1 「料理長に安く仕入れさせるという考え方を捨てる」

2章では、人件費管理についてお話しをさせていただきました。3章では、原価率管理に関してお話しをさせていただきます。昨今の食材価格高騰により、多くの飲食店が原価率高騰に悩んでいます。

先日も、原価率高騰に関して、ある飲食店からご相談をいただきました。こちらの飲食店は老舗の焼肉店です。長年地元のお客様に愛されて営業をしてきました。創業以来、よい品質の和牛を仕入れて、お客様に提供してきました。しかし、和牛の度重なる値上げによって、原価率が37％を超える状態となっていました。以前は34％程度の原価率だったとのことなので、実に3％も原価が高騰していることになります。

また、こちらの老舗焼肉店では、ベテランの仕入れ担当者が昨年退職したことも〝仕入れ力〟が落ちている一因として考えられます。さすがに、これだけ原価が高騰すると、お店としては存続の危機です。そこで料理長等を交えて緊急のミーティングを開くことになりました。

社長「現状の原価のままで店舗を継続していくのは難しい。料理長には、原価を下げる方法を本格的に検討してほしい」

料理長「社長。たしかに原価率が高いのはわかるのですが、肉屋もまだ値段が上がると言っているし、正直原価率を下げるのは相当難しい状況です」

社長「何を言ってるんだ！　原価率が3％も上がったら、年間でどれくらいの利益が減るのかわかっているのか！　君達の給与だって、この先どうなるかわからないんだぞ！　何とかしなさい！　そのために、高い給与を払ってるんだから」

料理長「は、はい。でも社長、そう言われましても」

社長「日本全国を探せば、絶対にもっと安い肉があるはずだ！　君達は安く仕入れるための努力がまだまだ足りないいんじゃないか？」

この社長が言っている「安く仕入れる努力」は、たしかに飲食店経営においては大切なことです。しかし何度も述べていますが、これだけ全国的（しいていえば全世界的）に食料価格が高騰している中で、はたして本当に「安く仕入れる努力」だけで、原価率を下げることはできるのでしょうか？　答えは「ノー」です。

むしろ私は、飲食店のみなさんには「安く仕入れるという考え方を捨ててください！」とまで言っています。少し極端に聞こえるかもしれませんが、それぐらいの気持ちでないと、原価率を下げることはできません。

原理原則として、安く仕入れるためには発注ロットを増やす必要があります。発注ロットと言っても、少し発注量を増やす程度の話ではなく、それこそ数百キロ、数トンといったレベルでないと、価格メリットを得るのは不可能でしょう。

つまり、そんなに簡単に「安く仕入れる」ことはできないのです。では、どうしたらいいのか、原価率低減の方法は大きく分けて3つあります。

【原価率低減のための3大戦略】

①値上げ戦略

ずばり値上げです。「そんなことをしたら、お客様が離れてしまうではないか！」とおっしゃるみなさん、たしかに値上げは客離れを招く可能性があります。しかし、これだけ食材価格が高騰している環境の中では、値上げを実行しないと生き残れない企業も出てきます。具体的な値上げ戦略に関しては、後ほどくわしく述べさせていただきます。

②粗利ミックス戦略

みなさんは、「粗利ミックス戦略」という言葉を聞いたことがあるでしょうか？　お店には、さまざまなメニューがあります。それらメニューは、それぞれ粗利額（原価率）が異なります。つまり、メニューの出数のバランスを戦略的に調整することで原価率を下げる戦略です。

③ロス対策戦略

ロス金額は、そのまま利益に直結します。「うちの店は、ロスは発生していない！」と思われている店でも、細かく見ていくとさまざまなロスが発生しています。これらのロスを、しっかりと管理していくことが重要です。

まずは、みなさんの店においても、この原価率低減のための3大戦略の実行を検討してください。くわしいやり方については、次からお話しをさせていただきます。

2「誰も教えてくれない〝失敗しない値上げ〟の仕方」

前項では、原価率低減の3大戦略として、下記3つを上げさせていただきました。

【原価率低減のための3大戦略】

①値上げ戦略

②粗利ミックス戦略
③ロス対策戦略

ここでは、①の「値上げ戦略」に関して、前項に登場した老舗焼肉店A店を例にお話しをさせていただきます。この老舗焼肉店A店に関して、少しおさらいをさせていただきます。

こちらの老舗焼肉店では、和牛の価格高騰や仕入れに強かったベテラン社員の退職等が影響して原価率が高騰し続けています。社長からは、社員に「もっと、安い食材を仕入れて原価率を下げなさい！」という厳しい指示がありました。

当然ながら、そんなに安い食材は簡単には手に入りません。そこで、今回は値上げをすることになりました。

三ツ井「社長、これだけ仕入れ価格が上がっていると、現状の価格を維持するのはかなり困難だと思います」

社長「でも、値上げなんかしたら、客離れを起こして売上が下がるんじゃないですか？」

社長としては、仕入れ価格が高騰する中で当然、値上げをしなければならないとわかっています。しかしながら、値上げによる客離れを考えると、怖くてなかなか値上げに踏み切れないという状況です。飲食店に限らず、経営者をしていると、こうした重大な意思決定をしなくてはならない場面に多々遭遇します。もちろん、経営者としての「経験」や「勘」を頼りに意思決定をしていくことは否定しませんが、これだけ経営環境が目まぐるしく変わる現代においては、なかなか過去の経験や勘だけに頼って経営を行なっていくのは難しくなっています。今回のケースでは、社長が意思決定をするための判断材料として、値上げをしたときの「客数」「客単価」「売上高」「原価率」「粗利高」をシミュレーションすることにしました。なお、こちらの老舗焼肉店A店の前提条件は次の通りです。

【客数（月間）1700人、客単価3500円、月商平均595万円、原価率37％】今回は、全体で5％の値上げを実施した場合のシミュレーションを行ないました。その結果が次ページの表です。

このシミュレーションでは、値上げによって客数が減少した場合の粗利額をシミュレーションしています。客単価に関しては、現状の3500円から5％の値上げですので、3675円になります。これにより、原価率は値上げ前の37％から35％にまで下がることになります。

もし値上げによって客数が減少しなかった場合には、値上げによる売上高アップと原価率低減効果により、粗利額は値上げ前の374万円から404万円と、30万円のアップとなります。年間では360万円の利益額アップになります。

もちろん、これは客数が減少しなかった場合です。では客数が減少した場合にはどうなる

	I	J	K	L	M	N	O	P
	売上高		原価率			粗利額		
	値上後	増減率	値上前	値上後	増減率	値上前	値上後	増減率
	6,247,500	105.0%	37.0%	35.2%	−1.8%	3,748,500	4,048,380	108.0%
	6,185,025	104.0%	37.0%	35.2%	−1.8%	3,748,500	4,007,896	106.9%
	6,122,550	102.9%	37.0%	35.2%	−1.8%	3,748,500	3,967,412	105.8%
	6,060,075	101.9%	37.0%	35.2%	−1.8%	3,748,500	3,926,929	104.8%
	5,997,600	100.8%	37.0%	35.2%	−1.8%	3,748,500	3,886,445	103.7%
	5,935,125	99.8%	37.0%	35.2%	−1.8%	3,748,500	3,845,961	102.6%
	5,872,650	98.7%	37.0%	35.2%	−1.8%	3,748,500	3,805,477	101.5%
	5,810,175	97.7%	37.0%	35.2%	−1.8%	3,748,500	3,764,993	100.4%
	5,747,700	96.6%	37.0%	35.2%	−1.8%	3,748,500	3,724,510	99.4%
	5,685,225	95.6%	37.0%	35.2%	−1.8%	3,748,500	3,684,026	98.3%
	5,622,750	94.5%	37.0%	35.2%	−1.8%	3,748,500	3,643,542	97.2%
	5,560,275	93.5%	37.0%	35.2%	−1.8%	3,748,500	3,603,058	96.1%
	5,497,800	92.4%	37.0%	35.2%	−1.8%	3,748,500	3,562,574	95.0%
	5,435,325	91.4%	37.0%	35.2%	−1.8%	3,748,500	3,522,091	94.0%
	5,372,850	90.3%	37.0%	35.2%	−1.8%	3,748,500	3,481,607	92.9%
	5,310,375	89.3%	37.0%	35.2%	−1.8%	3,748,500	3,441,123	91.8%
	5,247,900	88.2%	37.0%	35.2%	−1.8%	3,748,500	3,400,639	90.7%
	5,185,425	87.2%	37.0%	35.2%	−1.8%	3,748,500	3,360,155	89.6%

●値上げによる月間粗利シミュレーション

A	B	C	D	E	F	G	H
NO	客数			客単価			
	値上前	値上後	増減率	値上前	値上後	増減率	値上前
1	1,700	1,700	100.0%	3,500	3,675	105.0%	5,950,000
2	1,700	1,683	99.0%	3,500	3,675	105.0%	5,950,000
3	1,700	1,666	98.0%	3,500	3,675	105.0%	5,950,000
4	1,700	1,649	97.0%	3,500	3,675	105.0%	5,950,000
5	1,700	1,632	96.0%	3,500	3,675	105.0%	5,950,000
6	1,700	1,615	95.0%	3,500	3,675	105.0%	5,950,000
7	1,700	1,598	94.0%	3,500	3,675	105.0%	5,950,000
8	1,700	1,581	93.0%	3,500	3,675	105.0%	5,950,000
9	1,700	1,564	92.0%	3,500	3,675	105.0%	5,950,000
10	1,700	1,547	91.0%	3,500	3,675	105.0%	5,950,000
11	1,700	1,530	90.0%	3,500	3,675	105.0%	5,950,000
12	1,700	1,513	89.0%	3,500	3,675	105.0%	5,950,000
13	1,700	1,496	88.0%	3,500	3,675	105.0%	5,950,000
14	1,700	1,479	87.0%	3,500	3,675	105.0%	5,950,000
15	1,700	1,462	86.0%	3,500	3,675	105.0%	5,950,000
16	1,700	1,445	85.0%	3,500	3,675	105.0%	5,950,000
17	1,700	1,428	84.0%	3,500	3,675	105.0%	5,950,000
18	1,700	1,411	83.0%	3,500	3,675	105.0%	5,950,000

のか？　この表のD列を見てください。D列では、現状の月間客数1700人から1％ずつ客数も減少させています。このようにして、客数が減少した場合の最終的な粗利額を見ていきます。結論から言いますと、客数が7％減の1581人、現状対比93％のときに、粗利額は現状対比100・4％となります。言い方を変えると、「たとえ客数が減っても、現状の93％までであれば粗利額は現状と変わらないということです。ただし、このような「値上げ戦略」を行なう場合には、何点か注意しなくてはならないことがあります。「値上げに失敗しないための3つのポイント」を記載させていただきます。

【値上げに失敗しないための3つのポイント】

①不振店でないこと

当然ですが、そもそも不振店化している店が値上げをした場合は、大きな客数減となることが予想されます。値上げ戦略を行なうためには、その店が不振化しておらず、多くのお客様から支持を得ていることが前提条件となります。

②値上げに見合った付加価値が伝わっていること

食材価格が上がったから客単価を上げるというのは、当然ながら店の都合です。お客様にご理解をいただくためには、「単純値上げ分＋αとなる付加価値」の提供が必要となります。

そして、さらにはこの付加価値をしっかりとお客様に伝えなくてはなりません。こちらの老舗焼肉店A店では、和牛の仕入れに対するこだわりや、店内での仕込み技術等をメニューブックやPOP等を使ってしっかりと打ち出していくことで、今までお客様に伝わっていなかった「付加価値」を感じていただけるようにしました。

③価格弾力性の低い商品を中心に値上げを検討すること

みなさんは、「価格弾力性」という言葉をご存じでしょうか？　これはわかりやすく説明すると、「価格を1％値上げすると需要が何％減少するか」ということです。つまり、「価格弾力性が高い商品」＝少しの値上げでも、お客様が敏感に反応する商品で、「価格弾力性が低い商品」＝多少値上げをしても、お客様が気づきにくい商品と言い換えることができます。

飲食店において、価格弾力性が高い業態の例としては「食べ放題店」「ファミリーレストラン」「ファーストフード」「低価格居酒屋」「均一価格居酒屋」等が代表例として挙げられます。つまり、お客様が来店動機として「価格」に重点を置いている業態です。こうした業態では、値上げによる客数減少リスクは高くなります。

その他、価格弾力性が高い商品の例としては「生ビール」や「焼肉店のカルビ」など、その価格が店舗の選定基準となる商品や、「焼き鳥店の最も安い串メニュー」などのその店舗における最も安い（最下限価格）主力メニューなどの値上げは慎重に行なわなくてはなりません。

最初は、値上げによる客数減少を気にされていた老舗焼肉店A店の社長さんですが、この3つのポイントをしっかりと守って値上げを実施した結果、値上げ後3ヶ月を経過した時点でも客数の減少はありませんでした。

もちろん、「原価率を下げるためには、ただ値上げをすればよい」という考え方はいけませんが、正常な経営状態を維持するためには値上げが止むを得ない場合もあります。みなさんのお店でもしっかりとシミュレーションを実施した上で意思決定をしてください。

3 「1杯300円のコーヒーチェーンが月家賃200万円でもザクザク儲かる理由」

「三ツ井さん　なぜ1杯300円のコーヒーチェーンは儲かるのですか⁉」

先日、ある店長さんからこんな質問をいただきました。みなさんも日々利用されているコーヒーチェーン、たしかに日本全国いたる所にありますね。みなさんも、疑問に思われたことはありませんか?

「なぜ、あんな一等地に出店できるんだろう?」
「なぜ、あんなにスピーディーに店舗展開ができるんだろう?」
「なぜ、あんなにスピーディーに店舗展開しても人が採用できるんだろう?」
「なぜ、あの単価であんなに利益が出せるんだろう?」

実はこれら質問の答えを考えていくことの中に、みなさんのお店の原価率を下げるヒントがあります。このヒントを考える上では、まず飲食店の経費構造に関して少しおさらいをしておきます。一般的に、飲食店においては原価率＝F（Food cost）と人件費率＝L（Labor cost）と家賃比率＝R（Rental cost）の合計を70％以内に抑えるという基本があります。これはあくまでも〝基本〟であり、業態や立地特性によって変動しますが、ここでは考えやすくするために、「FLR70％」という基準を使って考えていきます。

次ページ表は、業態別のFLRの一般的な構造をまとめた表になります。

●業態別FLR一覧

業種	FLR比率（原価率＋人件費率＋家賃比率）				
	FL比率（原価率＋人件費率）			家賃比率	合計
	原価率	人件費率	合計		
日本料理店	35.0%	34.0%	69.0%	10.0%	79.0%
すし店	38.0%	30.0%	68.0%	10.0%	78.0%
居酒屋	34.0%	31.0%	65.0%	10.0%	75.0%
焼肉店	37.0%	25.0%	62.0%	10.0%	72.0%
そば・うどん店	27.0%	33.0%	60.0%	10.0%	70.0%
中華料理店	32.0%	28.0%	60.0%	10.0%	70.0%
ラーメン店	30.0%	30.0%	60.0%	10.0%	70.0%
ファーストフード	35.0%	25.0%	60.0%	10.0%	70.0%
コーヒーチェーン	25.0%	25.0%	50.0%	20.0%	70.0%
バー、キャバレー、ナイトクラブ	13.0%	42.0%	55.0%	10.0%	65.0%

（著者が調べた結果）

この表を見て、みなさん何か気づくことはありませんか？　そうです。コーヒーチェーンは原価率と人件費率の合計、つまりFL比率が50％に収まっているので、家賃に20％のコストをかけても、FLR合計が70％に収まっています。これが、コーヒーチェーンが一等立地でも高い収益性を実現できる理由です。しかし、そこで新たな疑問が浮かびます。

「なぜ、コーヒーチェーンは原価率、人件費率の合計を50％という低水準に抑えることができるのか？」

この謎を解くためには、もう少し具体的に中身を見ていく必要があります。ここでひとつ、みなさんに質問をします。仮に「パスタ」「リゾット」「スープ」を売るレストランAがあったとします。その原価率は上の表です。みなさんは、どのメニューの原価率を下げるべきだと思いますか？

●レストランAの原価率

品名	原価率
パスタ	30.0%
リゾット	30.0%
スープ	90.0%

「そんなの、原価率が一番高いスープに決まってるじゃないか！」と思われた方も多いかと思います。しかし、正解は違います。……正解は、「このデータからは、どのメニューの原価を下げるべきかはわからない」です。どういうことかと言うと、極端な言い方をすると、たとえ原価率90％の商品でも、一品も売れていなければ、店舗全体の原価率に対する影響はないということです（もちろん、ロスの問題はあるが）。それを表わしているのが次ページ上段の表です。

つまり、原価率と売上構成比を掛け合わせた数値である「交差原価率」で見ていく必要があります。スープに関しては、たとえ原価率が90％でも売上構成比が0％であれば、90％×

●レストランAの交差原価表

品名	①原価率	②売上構成比	③交差原価率（①×②）
パスタ	30.0%	70.0%	21.0%
リゾット	30.0%	30.0%	9.0%
スープ	90.0%	0.0%	0.0%
		理論原価率	30.0%

●コーヒーチェーンの交差原価率

品名	①原価率	②売上構成比	③交差原価率（①×②）
ドリンク	16%	80%	12.8%
フード	50%	15%	7.5%
その他	60%	5.0%	3.0%
		④理論原価率	23.3%
		⑤ロス率	1.7%
		⑥実際原価率（④+⑤）	25.0%
		⑦人件費率	25.0%
		⑧FL比率（⑥+⑦）	50.0%

0％で交差原価率は0％となるのです。そして、それぞれの交差原価率の合計が店舗の「理論原価率」となります。理論原価率とは、ロス等を考慮しない理論（机上）の原価率です。この考え方をしっかりと理解した上で、次は下段のコーヒーチェーンの交差減価表を見ていきます。

さあ、みなさん、右下の表を見て何を感じますか？　そうです。コーヒーチェーンのFLコストの低さに驚きませんか？　そのポイントは次の通りです。

①原価率が16％と低いドリンクをメイン商材として販売している
②ドリンクに関して、シーズンメニューやバリエーションを増やすことで売上構成比を80％近くまで高めている
③フードメニュー等に関しては、売上予測に基づく仕入れを行なっており、人件費がかからない上、ロス発生も抑えている
④対面販売形式で、人件費率を25％にまで抑えている

FL比率を50％にまで抑え込むことで、家賃を20％までかけることができます。もちろん、全部の店舗が家賃比率20％というわけではありませんが、よい立地に積極的に出店攻勢をか

●コーヒーチェーンの月間損益構造イメージ

科目	金額（千円）	構成比
売上高	10,000	100.0%
売上原価	2,500	25.0%
売上総利益	7,500	75.0%
人件費	2,500	25.0%
賃料	2,000	20.0%
その他経費	1,500	15.0%
販売管理費及び一般管理費	6,000	60.0%
営業利益	**1,500**	**15.0%**

けることができます。たとえば、全国の一等地に次々と出店すれば、ブランドを高めることができます。ブランドを高めることにより、消費者への認知を高めることができます。さらには、ブランド力が上がれば人材の獲得にも有利になります。人材獲得力が高まれば、必然的にいい人材が集まり、店舗の接客レベルを高めることができます。このように、店舗として、よい循環を生み出すことができます。

これらを実現しているのが「FLR70％」という数値です。つまり、「FLR」はビジネスモデルそのものと言っても過言ではありません。

みなさんのお店でも、メニューカテゴリーごとの原価率をどのように設定し、そのカテゴリーをどれくらいの売上構成比にしていくのかという戦略をしっかりと立てていくことで、原価率をコントロールすることができます。

私はこれを、「粗利ミックス戦略」と呼んでいます。次の項では、この「粗利ミックス戦略」に関しくわしくお話しをさせていただきます。

4「マンパワーに依存しないで原価率を下げる方法」

多くの飲食店が、まだまだ「マンパワー」で原価率を下げようとしています。

「料理長にもっと安い食材を探させる」
「料理長の〝顔〟で業者を叩く」
「知り合いの関係者に安い食材を紹介してもらう」
「調理技術を高めてロスを軽減する」
「原価率の低い商品をスタッフにおススメさせる」

私は、何もこうしたマンパワーによる原価率低減を否定しているわけではありません。私が言いたいのは、「マンパワーだけで原価率を下げるのは限界がある」ということです。

そこで前項では、コーヒーチェーンを例に原価率×売上構成比＝交差原価率という公式をベースとした「粗利ミックス戦略」が重要であるという話をさせていただきました。この項では、「粗利ミックス戦略」に関して、もう少しくわしくにお話しをさせていただきます。

「粗利ミックス戦略」とは何か、わかりやすい言い方をすると「利益率の高い商品とそうでない商品の出数を戦略的にコントロールする」ということです。では、先ほどお話しをしたコーヒーチェーンでは、どのように商品の出数をコントロールしているのでしょうか？　もう一度振り返ってみましょう。

コーヒーチェーンでは、どうやって、原価率の低いドリンクの売上構成比を80％にまで高めることができているのでしょうか？　ただ単純にスタッフのマンパワーに頼って「一所懸命ドリンクを売ろう！」という精神論だけでは売上構成比80％という数値は実現できません。ポイントは次の3点です。

①常にドリンクメニューで、シーズン商品を展開している

喫茶業態なので、ドリンクメニューの新メニューを展開するのは当たり前なのですが、コーヒーチェーンではシーズンを意識した新商品を積極的に打ち出すことで、ドリンクメニューの売上構成比を高めています。シーズンメニューは、たいていが通常商品より

●コーヒーチェーンの粗利ミックス戦略

品名	①原価率	②売上構成比	③交差原価率（①×②）
ドリンク	16.0%	80.0%	12.8%
フード	50.0%	15.0%	7.5%
その他	60.0%	5.0%	3.0%

高単価になるため、シーズンメニューの売上構成比を高めることは、結果的に客単価アップと原価率低減にもつながります。

②トッピング戦略で味のバリエーションを増やしている

お客様のさまざまな利用動機に対応するために、多種多様な味のバリエーションを用意しています。しかし、それぞれの味のバリエーションで、すべてレシピや使用食材が異なると、ロス率の増加やオペレーションの複雑化を招いてしまうため、コーヒーチェーンでは「トッピング」を上手に活用してメニューバリエーションを作っています。

③さまざまなPR手法でオーダーするストーリーを構築している

コーヒーチェーンでは、新商品のPRをさまざまな方法で行なっています。その一つひとつを見ていきましょう。

【5段階PR戦略】

第一段階「WEB」

自社ホームページ、facebook、ツイッター、Instagramなど、さまざまなWEBツールを使って常に新商品のPRを行なっています。みなさん、試しに「スターバックスinstagram」と検索をしてみてください。その情報量に驚くでしょう。

第二段階「試飲」

みなさんも、コーヒーチェーンで一度は店頭での試飲をおススメしている店員さんを見かけたことがあるかと思います。通常の飲食店では、まだまだ「試食（試飲）」というPR方法を見かけることはありませんが、今後は飲食店での「試食（試飲）」というPRが重要になってくると私は考えています。

やはり、実際に「食べてもらう」というのは、大きなマーケティング効果をもたらします。

第三段階「店頭看板（POP）」

第一・二段階は、どちらかと言うと「入店前に行なうPR戦略」です。一方でここからは、来店されたお客様に対してどのようにオーダー率を高めていくかという「来店時に行なうPR戦略」です。まず、店の前に立つと新商品の大きな看板が目に入ります。お店によっては手書きの黒板だったり、ポスターだったり、タペストリーだったりします。店内に入る前から新商品のＰＲをしっかりと行なっています。

第四段階「店内ＰＯＰ」

次に店内に入ると、レジ横に入口と同じ新商品のＰＯＰが設置されています。

第五段階「口頭」

最後に、オーダーをするためにレジの前に立つと、スタッフの方から「ただ今、シーズン限定でこちらのドリンクがおススメになっております！」と元気よく案内があります。

これら「5段階ＰＲ戦略」を実施することで、ドリンクの新商品の売上構成比を高めています。そして何よりも重要なことは、この「5段階ＰＲ戦略」で「マンパワー」に頼っているのは第二段階の「試飲」と第五段階の「口頭」の2つだけです。その他は、本部がコントロールして行なうＰＲ戦略です。ここにコーヒーチェーンの強さがあります。

ＷＥＢや試飲によるＰＲで新商品に対する事前の期待値を高めた上で、店頭から店内までを新商品のＰＲで統一することにより、「その商品をオーダーするストーリー」をしっかりと構築しています。これらを仕組みで行なった上で、最後にスタッフから「いかがですか」という口頭のクロージングが入ります。こうした戦略的な取り組みが、ドリンク新商品の出数を高めるのです。

みなさんのお店でも、ぜひ「粗利ミックス戦略」と「5段階PR戦略」を取り入れてみてください。

5 「職人さんの言うことを鵜呑みにしてはいけない理由」

先日、和食店を3店舗経営されているオーナーとお話しをしていました。

そこで、そのオーナーがこんなことをおっしゃっていました。

「3店舗とも同じメニューなのに、1店舗だけ原価率が他の店よりも3%高い」ということでした。みなさんの店でも、こんな経験はありませんか？　複数店舗を展開されているお店だと、店舗間で原価率のバラつきが出ることがあります。みなさんのお店では、このような場合はどうしていますか？　しっかりと原因追及をしていますか？　原価率に限らず、飲食店経営においてはこうした「バラつき」があった場合には、しっかりと要因を分析していくことが重要です。では、どのように分析をしていけばいいのでしょうか。「分析」とは「比較」を行なうことです。今回のケースでも、系列店としっかりと比較をしていくことで原因を突き止めていきます。

早速、今回他店より原価率が高かったA店のA料理長とその他の2店舗の料理長を集めてミーティングを実施しました。まず、この3店舗の原価率を確認しておきます。

社長「A料理長。なんで、うちの3店舗は同じメニューなのに、君のお店だけ原価率が高いの?」

A料理長「はい、私としては原因はわかっています」

社長「そうか！　原因はわかっているのか！　それはどんな原因なの?」

A料理長「実は、うちのお店は昔からの常連のお客様が多く、お客様はみんな、お店の中でもお得な商品を知ってるんです。とくに、うちの店は刺身はいい物を仕入れてますから。原価率の高い刺身ばっかりが出てしまって、どうしても他店よりも原価率が高くなってしまうんです」

社長「そうか……。お客様のオーダーの仕方が他店と違うのか。では、仕方がないな」

このやり取りを、私は横で聞いていました。一見するともっともらしい理由ですが、こうした原因分析は「比較」が大前提ですから、しっかりとした数値的根拠が必要になります。

三ツ井「A料理長、それでは自店の理論原価を他店とを比較しましたか?」

A料理長「理論原価の比較？　私たち職人は、そんな面倒な分析をしなくても、毎日包丁を握って料理をしていれば、店の中で起こっているたいていのことはわかるんですよ」

社長「でも料理長、一度自分の店の数値を分析して、しっかりと原因を追究してみたほうがいいのではないですか？」

A料理長「そんなことをしてる暇はないんですよ。最近だって、社長が人件費を削れっていうからギリギリの人数で営業してるんですよ。仕込みだって間に合わないし、休憩だってまともに取れない。私たちは、お客様によい料理を提供するのを第一優先で仕事をしています。そんな、わけのわからない分析なんかに時間をかけている暇はないんだ！　もう仕込みに戻ります！」

と言って、厨房に戻っていってしまいました。A料理長はなぜか気分を害されたようで、この日はこれ以上話を進めるのは断念しました。

このように問題が起きたときに、数値で原因を語れない料理長は要注意です。料理長は（もちろん、幹部全員に言えることですが）常に「数値」を使って物事を考える癖をつけなければなりません。職人的な勘だけに頼るマネジメントでは、この現代の厳しい経営環境の中で店舗を存続させるのは難しいのです。和食店はもともと、「職人依存」の傾向が強いため、こうした勘と経験に頼っておられるお店が多いのが実情です。

料理長はあんな感じだったので、私が店舗の数値分析を行なわせていただくことにしました。まずは、各商品の直近3ヶ月間の出数データを元に全店の理論原価率を比較していきます。その結果が次ページの表です。

「原価率×売上構成比＝交差原価率」という考え方に関しては、前項でお話しをさせていただきました。今回も、この公式を使って3店舗を比較していきます。さあ、みなさんはこの表を見て何か気づきますか？　A料理長が言っていた、「A店は原価率の高い刺身カテゴリーの出数が多いので他店より原価率が高くなる」という話ですが、実際に数値を見てみると、A店の刺身カテゴリーの売上構成比は8％です。B店の10％、C店の12％と比べても低いことがわかりました。さらに言えば、店舗合計の理論原価率もA店は31・4％と、B店の32％、C店の32・5％と比べても低いのです。つまり、「他店より原価率の高い商品が出ているから店舗合計の原価率が高い」という理由はまったく当てはまらないことになります。では、何が原因なのでしょうか？　答えは一目瞭然です。みなさんは、おわかりになりましたか？

そうです。問題の原因は「ロス率」です。

「理論原価率」というのは各カテゴリーの「交差原価率の和」であり、言い換えれば机上で

●3店舗の比較理論原価表

カテゴリー	カテゴリー原価率	A店		B店		C店	
		売上構成比	交差原価率	売上構成比	交差原価率	売上構成比	交差原価率
ランチ	35.0%	22.0%	7.7%	25.0%	8.8%	28.0%	9.8%
一品	30.0%	12.0%	3.6%	10.0%	3.0%	8.0%	2.4%
サラダ	30.0%	3.0%	0.9%	3.0%	0.9%	2.5%	0.8%
揚げ物	30.0%	4.7%	1.4%	4.0%	1.2%	4.0%	1.2%
煮物	28.0%	0.1%	0.0%	0.1%	0.0%	0.1%	0.0%
にぎり	30.0%	15.0%	4.5%	15.0%	4.5%	17.0%	5.1%
おすすめ	35.0%	5.0%	1.8%	5.0%	1.8%	4.0%	1.4%
刺身	45.0%	8.0%	3.6%	10.0%	4.5%	12.0%	5.4%
会席	35.0%	4.0%	1.4%	3.8%	1.3%	3.0%	1.1%
デザート	20.0%	0.2%	0.0%	0.2%	0.0%	0.1%	0.0%
ドリンク	25.0%	26.0%	6.5%	24.0%	6.0%	21.3%	5.3%
①理論原価率		31.4%		32.0%		32.5%	
②実際原価率		37.0%		34.0%		34.3%	
③ロス率（①－②）		5.6%		2.0%		1.8%	

計算した上での店舗合計の原価率です。一方で「実際原価率」とは、請求書と前月、当月棚卸金額から導き出される店舗の実際の原価率です。

この「理論原価率」と「実際原価率」の差、それが「ロス率」になります。A店のロス率は5・6%、B店は2%、C店は1・8%です。この数値を見れば、A店のロス率がいかに高いかがわかると思います。

これで、A店の原価率が他店より3%も高い原因は「ロスが多い」ことが判明しました。現場で働いている方々は、どうしても「自分の主観」で物事を判断してしまう傾向がありま す。では、なぜこのA料理長は「刺身カテゴリー」の出数が他店よりも多いと思ったのでしょうか？　答えは単純です。このA店の厨房ではA料理長一人が刺身をすべて担当しています。毎日、毎日、店内の刺身オーダーをすべて一人でこなしています。なので、主観が入って「刺身の出数が他店よりも多い」と思い込んでいたのです。

この数値結果を元に、再度A料理長とミーティングをしていきます。このミーティングの続きは次の項でお話しさせていただきます。

6 「料理長の在庫管理能力を一瞬で見抜く魔法の公式」

前項では、原価率高騰に悩む和食店のお話しさせていただきました。こちらの会社では、現在3店舗の和食店を経営しており、なぜか1店舗だけが原価率が高い。その原因を分析していくと、どうやら1店舗だけ「ロス率」が高いことが判明しました。この結果を踏まえて、原価率が高かったA店の料理長を交えて再度ミーティングを実施しました。

三ツ井「A料理長、店の数値を分析しましたけど、どうやら料理長が危惧されていた原価率の高い刺身カテゴリーの出数が多いという事実はなさそうでした」

A料理長「えっ。あっそうなんですか。でも、うちのお店はかなり刺身は出てますけどね～」

三ツ井「そうですね。たしかに刺身カテゴリーの売上構成比は大きいですが、実はB店、C店のほうが刺身カテゴリーの売上構成比は高いんです。それよりも、原因はどうやらロス率にありそうです」

A料理長「ロス率ですか？　うちの店では、食材をそんなに無駄にはしていませんよ！　何かの間違いじゃないですかっ！」

三ツ井「A料理長！　怒らないでください。あくまでも私は、A料理長のお店をよくするためのお手伝いをさせていただいているのですから協力してください！　お願いします！」

A料理長「ええ。わかりましたけど、ロスと言われてもね〜」

まだ少しご立腹気味のA料理等をたしなめて、一緒にロスの原因を分析していくことになりました。こういうときは「答えは現場にある」という考えで現場視察をすることも大切ですが、まずはその前に数値データを元に、しっかりと要因分析を行なっておきます。

そこで、3店舗の原価率をもう少しくわしく見ていきます。ここでは「在庫」という考え方をプラスして分析します。

まず最初に行なうことは、「1日当たり売上原価」を算出することです。次ページの表を見てください。たとえば、A店であれば月間の売上原価が185万円ですから、これを30日換算で割ると1日の売上原価は61667円となります。つまり、1日61667円分の食材費を使うということです。そして当月の棚卸高が68万円ですので、68万円÷61667円をすると何日分の在庫をお店でストックしているのかがわかります。これを「在庫回転日数」と言います（在庫回転日数は前月棚卸高と当月棚卸高の平均から求める場合もある）。A店は11日、B店は5・9日、C店は5・5日です。この数値を見るだけでも、いかにA店の在

●在庫回転日数算出表

科目	A店	B店	C店
①売上高	5,000,000	5,500,000	4,800,000
②前月棚卸高	690,000	380,000	320,000
③当月仕入高	1,840,000	1,860,000	1,626,400
④当月棚卸高	680,000	370,000	300,000
⑤売上原価（②＋③－④）	1,850,000	1,870,000	1,646,400
⑥原価率（⑤÷①）	37.0%	34.0%	34.3%
⑦一日当たり売上原価（⑤÷30日）	61,667	62,333	54,880
⑧在庫回転日数（④÷⑦）	11.0	5.9	5.5

庫が多いかがわかると思います。この数値をA料理長に見てもらいます。

三ツ井「A料理長、A店は、B店C店に比べて、倍近くの在庫を持っていることになります。この原因は何かわかりますか？」

A料理長「そうですね、うちの店で品切れを起こさないように割と多めに発注をするようにしているからかな」

こうして数値分析では、どうやら「ロス率」がA店の原価高騰の要因になっており、さらにそのロス率の要因として「過剰在庫」が関係しているのではという仮説が成り立ちました。

事前に数値からわかることはここまでです。後は、実際に現場に行って「ロス」と「過剰在庫」の原因を突き止めます。

三ツ井「A料理長、それでは一度現場を見せてください。ロスと過剰在庫の原因を一緒に突き止めましょう！」

A料理長「わかりました。それではよろしくお願いします」

最初は苛立ちを隠せなかったA料理長も、実際に「数値」を目の前にしたことで協力的になってくれました。A店だけではなくB店、C店と比較をしたことが説得力を増したようです。やはり他店と比較することで、数値データはよりリアリティを増します。

私は今まで、多くの飲食企業のお手伝いをしてきましたが、この在庫回転日数は原価率高騰の要因を探る上ではとても有効です。よくこのお話しをさせていただくと、「飲食店において適正な在庫回転日数は何日ですか？」と聞かれますが、実際は正確な基準はありません。なぜかと言うと、業態によって在庫回転日数は大きく変わります。わかりやすい例で言うと、フレンチやイタリアン業態は一般的に在庫回転日数が長くなる傾向があります。なぜかと言うと、ワイン等の高単価の在庫を大量に保有しているからです。

なので、「適正な在庫回転日数は●●日」と考えるよりは、同一業種や競合店（これはなかなかデータを得るのが難しいですが）、系列店、前月、前年などのデータと比較をすることが大切です。その上で異常値がある場合には、その異常値の原因を突き止めていく流れになります。

一般的には、在庫回転日数に異常値がある、つまり在庫過剰な店は、店長や料理長の在庫マネジメント力不足に原因があります。そして、当然ながら在庫マネジメント力が不足している店舗ではロス率等が高騰し、原価率が高くなる傾向があるのです。

ですので、みなさんの店でもぜひ一度、在庫回転日数を出してみることをおすすめします。次の項では、実際にこの和食店に訪問し原因を突き止めていきます。

7 「劇的にロスを改善する3大原則」

前項でお話しをした「ロス率」と「過剰在庫」が発生している和食店を見ていきます。「ロス率」と「過剰在庫」を減らすために必要な考え方は次の3つです。

【ロス削減のための3大原則】

①定物定置化で置き場所を「一目で見える化」する
⇓冷蔵庫内やバックヤードの置き場所を決める
②定量化で仕込み量を「一目で見える化」する
⇓仕込み基準表で当日仕込み量を決める

③定期化で賞味期限を「一目で見える化」する
⇒賞味期限基準表で賞味期限を決める

それぞれに関して、くわしくお話しをさせていただきます。まずは、①の「定物定置化」から。この店では初めに冷蔵庫や冷凍庫をチェックしていきます。

三ツ井「では料理長、さっそくですが冷蔵庫と冷凍庫を見せていただいてもよろしいでしょうか？」

A料理長「はい、どうぞ」

まず、冷蔵庫から見ていきます。

三ツ井「A料理長、この野菜が入っている冷蔵庫ですが、ここにはいつも野菜が入っているのですか？」

A料理長「食材をしまう場所に関しては、日によって変わりますね」

三ツ井「そうなのですか。では、何の食材を保管するのかは決まっていないということでしょうか？」

A料理長「はい、ある程度は決まっていますが、あとはそれぞれ持ち場のスタッフに任せています」

三ツ井「では、その持ち場のスタッフが休みの場合は、他のスタッフはどうやって食材の保管場所を知るのですか？」

A料理長「う～ん、そう言われるとね。たしかに持ち場のスタッフが休みだと、よく〝おーい鶏肉どこにある？〟とか〝ショウガまだあったっけ？〟なんて会話が飛び交っていますね」

これは、在庫管理ができていない店でよく見かける光景です。食材を保管する場所が決まっていないので、持ち場が変わると何がどこにしまってあるかわからなくなってしまうのです。

これは、何も食材に限ったことではありません。文房具などの備品にも同じことが言えます。

みなさんは、日々の業務の中で最も無駄な時間は何だと思いますか？　仕事を行なう上で最も無駄な時間とは、「物を探している時間」です。「物を探している時間」は何の生産性もありません。つまり、生産性を高めるためには、物の保管場所はあらかじめ明確に決められている必要があります。こうした管理のことを「定物定置化」と言います。定物定置化を行なう上では、冷蔵庫等に次ページのような配置図を貼っておくことをおすすめします。

このように「定物定置化」をすることで、「物を探す作業」がなくなります。また発注や棚卸の際にも、作業効率が格段に高くなります。さらには、「こんな所にショウガがあった

●定物定置図

		左側	右側
上段	1段目	【野菜】レタス・サラダミックス	
	2段目	【乳製品】牛乳・生クリーム	【野菜】ショウガ・ニンニク
下段	3段目	【肉類】豚肉・鶏肉	【肉類】牛肉
	4段目	【魚類】エビ・イカ・サーモン・貝類	

じゃん」といった〝使い忘れ食材〟もなくなるため、廃棄ロスの軽減にもつながります。

次に、②の定量化についてです。具体的には仕込み量の見る化になります。先ほどの和食店での実情を見ていきます。

アルバイトA「料理長！　次は何をどれくらい仕込んだらいいいですか？」

料理長A「え〜っと。今日は宴会が入っているから、天ぷら用のエビをいつもより多めにお願い！」

アルバイトA「料理長！　多めってどれくらいですか？」

料理長A「今、計算するからちょっと待ってね！」

アルバイトB「料理長！　宴会用のサラダですが、何台用意しますか？」

料理長A「あっ、サラダね。ちょっと待ってね。店長～。今日の宴会の最終人数は何人だったけ？」

開店1時間前ですが、調理場内では戦場のようなやり取りが繰り広げられています。原因は、仕込みの量が「定量化」されていないことです。これは何も、この和食店に限ったことではなく、多くの飲食店が抱える問題です。仕込みの量に関して、料理長だけが把握しており、全員が料理長の指示待ちという状態。

このような状態では、感覚による過剰仕込み等が原因でロスが発生しやすくなります。またパート、アルバイトさんの「指示待ち」により生産性も上がりません。こうした状況を改善するためには「仕込み基準表」を作成し、仕込み量の定量化をする必要があります。次ページの表がその仕込み基準表の例です。

①の「仕込み基準」には、平日と週末の基準の仕込み量をそれぞれ定めておきます。②の「追加分」では、宴会などプラスする量をそのつど書き込みます。③には現在の「在庫」を記入します。つまり、①の「仕込み基準」＋②の「追加分」－③の現在「在庫」が本日仕込む量になります。そして〝誰にやってもらうのか（担当指示）〟を記入しておけば、アルバイトでも指示待ちをすることなく、どんどん仕込みが行なえます。また仕込み過ぎによる

仕込み基準表

仕込み作業名	①仕込み基準		②追加分	③在庫	①＋②－③	担当指示	済
	平日	週末	宴会・その他	現在在庫	仕込指示		
サラダ場							
サラダ菜洗い	2玉	4玉	0	1玉	1玉	山田さん	☑
トマトカット	3個	5個	2個	1個	4個	山田さん	☑
玉ねぎスライス	4個	6個	1個	3個	2個	鈴木さん	□
ネギカット	10本	20本	5本	10本	5本	鈴木さん	□
にんにくみじん切り	10片	15片	3片	5片	8片	鈴木さん	□
揚げ場							
唐揚げ用鶏カット＆漬け込み	2kg	4kg	1kg	0kg	3kg	佐藤さん	☑
天ぷら用エビ下ごしらえ	3P	5P	1P	2P	2P	佐藤さん	□
野菜天ぷらセット下ごしらえ	5セット	10セット	1セット	3セット	3セット	佐藤さん	□

ロスや、仕込み不足による売り逃しも防ぐことができます。なお、この仕込み基準表に関してはラミネートをしておき、①以外の部分をホワイトボードマーカー等で毎日記入して冷蔵庫等に貼り出しておくと運用しやすくなります。

最後に、③の「定期化」です。これは具体的に言うと「消費期限の見える化」です。

三ツ井「A料理長、それぞれの食材の消費期限は定めていますか？」

A料理長「消費期限？　そんなのはないですよ！　俺たち職人は、味見をしたらその食材の状態は完璧にわかりますから！」

三ツ井「では、料理長が休みの日は誰が判断しているのですか？」

A料理長「えっ。私が休みの日ですか？　そのときは、その持ち場の人に判断してもらっています」

三ツ井「それぞれの持ち場の担当は固定されているのですか？」

A料理長「いや、持ち場はシフトによって変わりますね」

三ツ井「それでは、自分が仕込んでいない物が担当の持ち場の冷蔵庫に入っていることがあるのですね」

A料理長「ま～そういうことになりますね」

これは、とてもよくない状況です。自分で仕込んでいれば、まだその食材の仕込み日等の把握はできると思いますが、持ち場が変わると、その食材の仕込み日等がわからなくなってしまいます。

こうした事態を防ぐためにも、私は「消費期限の見える化」をすすめています。まず初めに、食材ごとに消費期限のルールを定める必要がありま

●消費期限シール

仕込み日	4月10日	記入者
廃棄日	4月12日	山田

す。その上で、仕込んだ全商品に消費期限等の情報を記載していきます。この際には、シール等を活用すると運用がしやすくなります（上記）。

こうした消費期限管理は、もちろん食中毒対策にもなりますが、「消費期限」という意識がスタッフ間に芽生えることで、店舗全体の食材に対する管理意識が向上します。

ロス対策を行なう上では、今回お話しをした3つのポイントを押さえることが重要です。また、その他にも3大ロスである「廃棄・歩留まりロス＝廃棄食材」「ポーションロス＝盛り付け過ぎ」「商品ロス＝オーダー・調理ミス」に関しても、しっかりと原因を突き止めて対策を行なっていくことが重要です。

ぜひ、みなさんの店でも、「料理長の感覚に頼らない」運営でロス軽減を実現してください。

相談内容

なぜか、
うちのお店は
アルバイトが
ぜんぜん
育たないんです

4章 これからの時代のアルバイト採用・育成術

1 「求人媒体に1円も払わずにアルバイト3名の獲得に成功した方法」

飲食店の経営者の方から「うちのお店は、アルバイトがなかなか育たないんです」というお話しをよく聞きます。飲食店においては、アルバイトの育成は店舗の繁盛を決める重要な要素になります。まず最初に、飲食店で働く従業員におけるアルバイトの比率をまとめた資料を見てください。

飲食業で働く人の数は、平成24年時点で約309万人です。このうちパート、アルバイトの人数は約186万人です。業種によって異なりますが、全体平均では、60%以上をアルバイトに頼っている産業ということです。

つまり、飲食業は常にたくさんのアルバイトを採用し続けなくてはなりません。しかしながら、最近ではアルバイトの採用が非常に難しくなっています。実際に、日本全国の飲食店経営者の方とお話しをしていると、「アルバイトの募集広告に10万円以上かけているが1名も採用できない」「せっかく採用しても、すぐに辞めてしまう」といった声を多く聞きます。

●業種別アルバイト比率

業種名	従業員数	パート・アルバイトなどの人数	アルバイト比率
ハンバーガー店	144,032	124,984	86.8%
持ち帰り飲食サービス業	56,891	41,334	72.7%
配達飲食サービス業	312,713	223,996	71.6%
食堂・レストラン	408,782	286,917	70.2%
すし店	188,315	119,369	63.4%
焼肉店	108,658	67,870	62.5%
日本料理店	327,642	195,752	59.7%
そば・うどん店	153,453	86,059	56.1%
ラーメン店	114,406	60,788	53.1%
喫茶店	212,321	111,310	52.4%
中華料理店	115,278	58,726	50.9%
酒場・ビヤホール	370,654	177,935	48.0%
お好み焼き・焼きそば・たこ焼店	42,677	18,833	44.1%
バー、キャバレー、ナイトクラブ	178,298	67,077	37.6%
料亭	15,316	5,392	35.2%
合計	3,087,761	1,858,265	60.2%

出典：平成24年経済センサス—活動調査（総務省統計局）より作成

ここでは、そんな厳しい採用状況の中でも採用媒体に頼ることなく、順調にアルバイトの採用に成功している企業が取り組んでいる成功事例を3点ご紹介させていただきます。

①アルバイト紹介制度

みなさんのお店にはアルバイト紹介制度はありますか？　これはどのような制度かと言うと、要するに「既存のアルバイトスタッフにお友達を紹介してもらう制度」です。紹介してくれたスタッフには、報奨金を支給します。よくこうしたお話しをさせていただくと、「友達同士で働いても、どうせすぐに辞めてしまうのでは？」とおっしゃる方がいますが、アルバイト紹介制度を実施されている複数の企業様からお話しを聞く限りでは、こうした弊害は確認できませんでした。次ページの表は、実際に全国でアルバイト紹介制度を実施した企業様の実績です。

こちらの会社では、友人・知人を紹介し、入社後3ヶ月が経過したら、紹介してくれたスタッフに15000円を支払うという紹介制度を導入しています。もちろん、その店によって採用人数はまちまちですが、平均では1店舗あたり3・1名の採用に成功しています。1名獲得コストは、紹介報奨金の15000円のみです。一般的にアルバイト1名採用単価は5～7万円と言われていますので、3分の1以下のコストで採用できていることになります。

しかも、コストはすべて成功報酬です。また、離職率に関しても平均で20％となっており、

●アルバイト紹介制度実績

店名	紹介採用／人数	報奨金単価	報奨金総額	年間離職者	離職率
A店	5	15,000	75,000	1	20.0%
B店	2	15,000	30,000	0	0.0%
C店	4	15,000	60,000	1	25.0%
D店	2	15,000	30,000	1	50.0%
E店	1	15,000	15,000	0	0.0%
F店	5	15,000	75,000	2	40.0%
G店	1	15,000	15,000	0	0.0%
H店	5	15,000	75,000	0	0.0%
合計	25	15,000	375,000	5	20.0%
平均	3.1	15,000.0	46,875.0	0.6	20.0%

「友人・知人だから離職率が高い」という傾向はありませんでした。

②割引クーポン付き募集チラシ

求人媒体以外のアルバイト採用戦略としては、「募集チラシ」があります。とくに、地方や郊外店では、ネットや紙面の求人媒体を活用しても採用できないという状況がよくあります。そんな中で、募集チラシが大きな成果を上げる地域もあります。

この募集チラシのポイントは、あくまでも求人を全面に打ち出しながらも、「店舗の割引クーポン」を添付することです。このようにクーポンを添付することにより、店舗の「下見」を促します。お店のスタッフも、「このお客様は求人チラシを見て来店された」ということがわかります。過去の事例では、クーポンを利用した人にスタッフが「アルバイトを探されているのですか?」とお声がけをすることで採用に成功したり、募集チラシクーポンを利用された主婦の方が、娘さんをアルバイトに紹介してくれたという事例も多数あります。

上記は、とある居酒屋店での実施実績です。店舗周辺1万世帯への配布で3名のアルバイト採用に成功しています。さらに、募集チラシに添付したクーポンで15万円の誘因売上獲得に成功しています。こうした「チラシ募集」+「クーポン」を組み合わせることで、費用対効果の高い求人施策を実現することができます。この場合だと、クーポンの誘因売上が150000円、原価率が30%として粗利益が105000円、ここから求人費用である70000円を引いても35000円の粗利益が残ることになります。つまり、3名のスタッフを採用でき、なおかつ35000円の粗利益を得ることができるのです。

●アルバイト募集チラシ実績

ポスティング費用	配布枚数	採用人数	1名採用コスト	クーポン誘因売上げ
70,000円	10,000枚	3名	23,333円	150,000円

③アルバイト評価制度

「アルバイト評価制度とアルバイト採用は関係あるの？」と思われる方もいると思いますが、結論から申し上げると、大いに関係があります。なぜなら、求人コストをかけて採用しても、すぐに離職をしてしまっては意味がありません。また、せっかく採用しても戦力化をできなければ意味がありません。つまり、採用したアルバイトをしっかりと教育、評価をしていく仕組みがとても重要なのです。教育、評価の仕組みがなければ、「穴の空いたザル」と同じで、どれだけ採用しても離職していってしまいます。

「アルバイト採用」と聞くと、どうしても「求人媒体」を思い浮かべる方が多いと思いますが、ここでお話しをさせていただいたように「採用媒体に頼らないアルバイト採用戦略」に関しても、しっかりと取り組んでいかれることをおすすめします。採用戦略で重要なのは、「どれだけ低コストで採用の面を広げられるか」です。

次の項からは、主にアルバイトの育成・管理術に関してくわしくお話しをさせていただきます。

2 「採用面談のときに絶対に確認しなくてはならない7つのこと」

前にもお話しをさせていただきましたが、私は大学を卒業して、すぐに飲食店の店長になりました。右も左もわからず、とにかく手探りで店長業務を行なう日々でした。売上不振や部下とのコミュニケーションなど、さまざまな課題がありましたが、何よりも一番たいへんだった思い出は「人材不足」です。求人誌に求人を出しても、なかなか人が集まりません。

会社からは、「募集費を使い過ぎだ！」と怒られ、店内のスタッフからは、「三ツ井さん、いつになったら新しいアルバイトが入るんですか⁉」と詰め寄られる日々でした。本当に、今思い出しても胃が痛くなるような日々でした。そんな中で、求人を出して1ヶ月後にようやく1名の応募がありました。すぐにでも採用したい気持ちを抑え、とりあえず面接をします。

三ツ井「当店で働きたいと思った理由を教えてください！」

Aさん（応募者）「飲食店は初めてなのですが、いずれ将来は自分でお店をやりたいと思ってるんです！」

Aさんは、大学1年生の男の子でした。今までにアルバイトはしたことがあるようですが、飲食店は今回が初めてとのことでした。

三ツ井「いつから来られますか？」

Aさん「もう来週からでも働けます!!」

三ツ井「そうですか！　では早速、来週月曜日から来てください！」

Aさん「ありがとうございます！　頑張ります！」

出勤当日、面接時に感じた印象通り、Aさんはとても元気よく出勤してくれました。その後もとても一所懸命働いていてくれたAさん。しかし、1ヶ月ぐらいした頃でした。他のパートさんから、こんなことを言われました。

パートさん「三ツ井さん！　Aさんですが、学生なのに土日にシフトに入れないって言うんですよ！　土日がとくに人が足りないんだから、平日しか入れないんだったら意味ないじゃないですか！」

三ツ井「えッ！　Aさん土日は入れないの……。面接のときにはそんなことは言ってなかったけどな……」

早速、Aさんに確認します。

三ツ井「Aさん、土日はシフトに入れないの？」

Aさん「はい、土日はもうひとつのバイト先のシフトに入ってしまっているので」

三ツ井「えっ?! もうひとつアルバイトを掛け持ちしているの？ そんなこと、面接のときに言ってたっけ？」

Aさん「いや、とくに聞かれなかったので……」

完全に私のミスでした。私は面接時に他のアルバイトとの掛け持ち等の確認をしていませんでした。なぜ、このようなミスが起きたのか、原因は2つあります。ひとつ目は人材が不足していて、とにかく誰でもいいから早く人がほしいという想いが強かったこと。2つ目は、「将来、飲食店をやりたい！」というAさんの想いに惚れ込み、その他の重要な要件を確認し忘れてしまったことです。

飲食店では、こうした「採用エラー」がよく起こります。「採用エラー」を防ぐためには、面接時にしっかりとした確認をしておかなければなりません。クライアント店舗の面接に立ち会わせていただくことがありますが、店長が応募者から聞いたことを履歴書の端にメモ書きをしている姿を見かけます。これでは、「採用エラー」は防ぐことはできません。面接時には、しっかりと「面接チェックシート」を使って応募者の特性を見きわめないといけません。「面接チェックシート」で確認すべきポイントは7つあります。

①経歴

過去のアルバイト経験や、過去のアルバイトで嫌だったことを確認する。過去のアルバイトで嫌だったことをさせると、早期離職につながる可能性が高いので注意が必要。

②志望動機

希望収入等もしっかりと確認する。本人の希望だけでなく、店としてやってもらいたいことも明確に伝えておくことで、採用後のトラブルを未然に防ぐ。

③性格

自身の長所や短所を答えてもらう。本人の口から聞く「短所」は、かなり当たっていると考えてよい。

④勤務条件

掛け持ちの有無や長期休暇などの要望を、あらかじめ聞いておく。大型連休前、ゴールデンウィーク前、夏休み前、年末年始前などの採用はとくに注意が必要。

⑤加点ポイント　⑥減点ポイント

面接をする側は、人を見る際にマイナス面、またはプラス面のどちらかに偏って判断してしまう傾向が強い。そのため、採用する上での「加点ポイント」「減点ポイント」をそれぞれチェック形式でヒアリングすることが重要。

⑦懸念事項

その他の懸念事項に関しても、しっかりとヒアリングを行なっておく。

こうしたチェックリストを用いて面接を行なうことで、採用エラーを防ぐことができます。また、面接時間の短縮にもつながります。さらには、こうした採用時のデータを蓄積した上で、実際に採用した後のスタッフを面接時のチェックシートと見比べます。

「面接のときにこんなことを言ってる人に限って、実際に働くと……」

「面接のときにこの項目にチェックがついている人は……」

このようにデータを分析していくことで、「自社に合った人材」を見きわめるノウハウが蓄積されていくのです。ぜひ、みなさんの店でも面接チェックシートを取り入れてみてください。

面接チェックシート

応募者氏名：		担当者：		希望店舗：		面接日時：	月 日( ) 時~

【A：質問項目】

項目	ヒアリング内容	応募者返答
①経歴	これまで過去にどのようなアルバイトをしたことがありますか？	
	過去のアルバイトではどのようなことを学べましたか？	
	過去のアルバイトで一番嫌だったことは何ですか？	
	過去のアルバイトを辞めた理由は何ですか？	
②志望動機	当店で働いてみたいと思った理由は何ですか？	
	当店ではどんな仕事がしたいと思っていますか？	
	当店では○○をしてもらいたいと思っていますがよいですか？	
	現在は一人暮らしですか？実家暮らしですか？	
	1ヶ月に最低どれ位の収入が必要ですか？	
③性格	自分の「長所」を3つ教えてもらえますか？	
	自分の「短所」を3つ教えてもらえますか？	
	日ごろの体調はどうですか？体調面で不安なことはありますか？	
④勤務条件	他にアルバイトを掛け持ちしていますか？またその予定はありますか？	
	もし当店で働くことになった場合はいつ位まで働きたいと思っていますか？	
	平日は何時から何時まで勤務できますか？	
	土日祝日は何時から何時まで勤務できますか？	
	大型連休（お正月やGW・お盆など）は勤務できますか？	
	現在計画している長期休暇（5日以上）はありますか？	
	勤務時間や休みなどで要望はありますか？	

項目			応募者返答
⑤加点ポイント	□過去に飲食店でのアルバイト経験がある	□自宅が近い	
	□土日祝日勤務ができる	□笑顔があり明るく元気である	
	□シフトの融通がきく	□素直そうである	
⑥減点ポイント	□過去のアルバイトで退職までの期間が短い(半年以内)	□土日祝日の勤務が困難	
	□以前の退職理由がよくない（不明確）	□こちらがにこやかに話しても笑顔がでない	
	□年齢が採用基準から外れている	□身だしなみが悪い	
⑦懸念事項	□学業・家庭・他のアルバイトとの両立はできるか？（　　　）		
	□面接に遅れてきた理由（　　　）		
	□サービス業に向いているか？（　　　）		

【B：面接担当者から確認しておくべきチェックリスト】

□時給に関して	□食事補助（まかない）に関して
□勤務時間に関して	□お店の理念やポリシーに関して
□制服の貸与に関して	□店長（お店）が求める人物像に関して
□給与の振り込みに関して	□その他話しておくべきルールに関して

【C：面接担当者コメント】

□採用	勤務部門　□ホール　□キッチン　□その他（　　　）	□不採用
	連絡先（　　－　　－　　）　勤務開始日　月　日から	

3「新人アルバイトを10回出勤で戦力化する方法」

とある飲食店の会議に出席していたときのことです。

社長「なぜ、今月はこんなに人件費が高いんだ⁉」

店長「すみません。今月は新人のアルバイトさんが入社したため、研修時間が余分にかかっています」

そして、さらに同じ会社の翌月の会議です。

社長「今月も人件費が高いな。店長どうなっているんだ⁉」

店長「すみません。今月もまた新しいアルバイトさんが入社したので、研修時間が……」

このままだと、翌月も同じやり取りが繰り返される可能性が高いため、私から一言。

三ツ井「店長、ではその新人アルバイトさんは、いつ頃から1名シフトとして戦力化できるのですか？」

店長「そうですね。個人個人の成長度合によるので、いつまでというのはなかなか言いづらいですが、なるべく早く戦力化します！」

このような言い方は語弊があるかもしれませんが、人件費が高騰している店舗の店長さんの言い訳ランキングの上位が「新人アルバイトの研修のため」です。

みなさんの店では新人アルバイトの教育に関して目標時間を定めていますか？

「人の成長は、個人個人で違うから目標は定めていない」

「目標を定めても、どうせ計画通りにはいかないから定めていない」

「教育計画を立てるのが大切なのはわかるけれど、なかなか運用ができない」

こんな飲食店が多いのではないでしょうか？

アルバイトを早期戦力化するためには、明確な「教育カリキュラム」が必要です。「教育カリキュラム」と言うと、複雑な仕組みをイメージされる方も多いと思いますが、新人アルバイトの初期教育では、そこまで複雑な仕組みは必要ありません。まずは、一人の戦力としてシフトでカウントできるレベルまでの教育です。

では、戦力化するまでにどれくらいの時間を費すべきなのでしょうか？ 私は、新人アルバイトの戦力化までの時間を50時間に設定しています。つまり、1日5時間程度の勤務の場合、10日間で独り立ちしてもらうことを目標にしています。

では、具体的にこの50時間で何を教えるべきなのでしょうか？ 大きくは「売場前研修」と「売場研修」に分けられます。売場前研修とは、一言で言うと座学です。よく飲食店では、入店初日に「とりあえず洗い場に入って!!」といったことがあると思いますが、これはよくありません。最初に、しっかりと腰を据えて経営理念や店のルール、各種マニュアル等の読み合わせを行なう必要があります。なぜなら、こうした基本的なことは時間が経てば経つほど教えるのが難しくなるからです。みなさんも、学生時代を思い出してください。入学から数ヶ月して、学校の教育方針や校則を聞いても、「今さら何だよ！」と思うはずです。

店舗での初期教育も同じです。最初に新人アルバイトとしっかり目線合わせをしておくことが、後々の個人成長にも大きく影響するのです。

その後の売場研修では、ホールスタッフであれば、お客様が来店されてから食事を終えて帰られるまでの流れの中で、とくに重要なポイントをしっかりと教えていきます。

【売場前研修】

- ■経営理念の説明
- ■店舗ルールの説明
- ■衛生管理と手洗い
- ■マニュアル等の読み合わせ

【売場研修】

- ■お出迎え

■ご案内
■ファーストドリンク
■おすすめトーク
■オーダーテイク
■名物商品説明
■中間サービス
■お会計
■お見送り
■バッシング

これらの項目を、次ページのようなチェック表にします。

そして、この入店時研修チェック表に関してもいくつかポイントがあります。

【入店時研修チェック表のポイント】

①研修項目の習得状況は1枚の紙で管理する

この入店時チェック表は、新人スタッフ1名につき1枚用意します。さらに、この入

入店時研修チェック表

店名		氏名		入店日	

Ⅰ.売場前研修

内容		ポイント	研修日	累計勤務時間	指導者	店長
①	経営理念の説明	理念やお店づくりに対する想いなどをしっかりと伝える				
②	店内ルールの説明	タイムカードや休憩、身だしなみなどの基本ルールを伝える				
③	衛生管理と手洗い	手洗いに関しては実際に一緒に行ない確実に体得してもらう				
④	マニュアル読み合わせ	マニュアルを見ながら、各項目の説明を行なう				

Ⅱ.売場研修

内容		ポイント	研修日	累計勤務時間	指導者	店長
⑤	お出迎え	来店にいち早く気づき笑顔でお出迎えができる				
⑥	ご案内	お客様を気にしながら、丁寧にお席までご案内できている				
⑦	ファーストドリンク	着席されたら素早くドリンクオーダーが伺えている				
⑧	ファーストドリンク	最初のドリンクは1分以内に提供できる				
⑨	ファーストドリンク	生ビールを正しい品質で注ぐことができる				
⑩	おすすめトーク	本日のおススメをしっかりと伝えられる				
⑪	オーダーテイク	オーダーを聞く時には笑顔でお客様と目線を合わせている				
⑫	オーダーテイク	最後にしっかりと復唱して確認ができている				
⑬	名物商品	名物商品に関して、食べ方や特徴の説明ができる				
⑭	中間サービス	追加オーダーをタイミングよくお伺いできている				
⑮	中間サービス	テーブルの上をよく見て、空いた食器やグラスを交換できている				
⑯	中間サービス	タイミングよくデザートのおすすめができる				
⑰	会計	お客様が席を立ったら会計スタッフにしっかりと伝えることができる				
⑱	お見送り	最後はお客様をしっかりと出口までお見送りできている				
⑲	お見送り	笑顔で感謝の気持ちを伝えられる				
⑳	バッシング	テーブルをスピーディー、かつ丁寧に片付けることができる				

目標50時間（10日）

店時チェック表は、ファイル等にまとめて店に置いておくことで、各新人スタッフの研修がどれくらい進捗しているかを把握することができます。こうすることで、たとえ研修担当者が変わっても、効率的に研修を進めることが可能になります。

②研修担当者は必ずしも店長でなくてもよい

「新人研修は必ず店長が行なう」という店もありますが、これは一概によいとは言えません。人間は、人から教えられたこと（In put）を、誰かに教えること（Out put）で、改めて理解が深まります。そうした意味では、各項目に関して、あえて店長以外の担当者を指名して教えてもらうことが重要です。ただし、最後には店長の前で教わったことを実践してもらった上で店長が確認の印鑑を押すようにします。

③全項目が終了しないと研修時給が免除されない

すべての項目の研修が終了し、店長が確認の印鑑をしたら、このチェックシートを本社に送ってもらいます。そこで、初めて研修時給が免除されるようにします（もちろん勤務時間等の他の要件も考慮する）。なお各項目には、「累計勤務時間」を記入することで、「50時間」という目標を意識してもらいます。

このように、「提出しないと時給が上がらない」状況を仕組みにしておくことで確実な実行を促します。

「新人教育カリキュラム」と聞くと難しそうですが、この程度の仕組みであればできそうな気がしませんか？　こうした仕組みは、まずは「運用しやすい」ことが重要です。

ぜひ、みなさんの店でも取り組んでみてください。

4 「スーパーアルバイトを育てる評価システムとは」

「アルバイトさんの評価制度を導入したいけど、どのように進めたらいいかわからない」

このようなご相談をよくいただきます。みなさん、アルバイトの評価制度が必要なことはわかっているが、なかなか導入、運用が進まないという現実があるようです。

私は、アルバイトの評価制度を作らせていただく際には、３つのポイントを重視しています。

①スーパーアルバイトには多くの時給を支払う制度にする

「スーパーアルバイト」とは一言で言うと、「何でもできるアルバイト」のことです。

ときには、社員の代わりとして店内のさまざまな業務を担ってくれるアルバイトには多くの時給を支払ってもいいと思いませんか？　つまり、ひとつの作業だけを行なう「単能工」よりも、複数の作業を行なえる「多能工」を評価し、さらには「多能工」を育成する評価制度でなくてはなりません。アルバイトを「多能工化」していくことで、店舗の生産性を高めることができます。

②わかりやすい制度にする

これは、アルバイトの評価制度に限ったことではなく、評価制度を導入する上では「透明性」と「公平性」を意識しなくてはなりません。つまり、一言で言うと、「何と何ができるようになったら時給がいくらになるのか」ということが、ひと目でわかる制度でなくてはなりません。「透明性」と「公平性」があって、初めてモチベーションが生まれます。

③個人の能力を見える化できる制度にする

アルバイト個人に関して、「このアルバイトさんは○○のポジションができる」ということを、見える化できる制度にする必要があります。こうした個人の能力の情報は、シフトを組む際にも大いに役立ちます。つまり、個人の「戦闘能力」を見える化できていれば、店舗として一番よいパフォーマンスでシフトを組んでいくことができます。私は、このように個人の戦闘能力を見える化した表を「スキルマップシート」と呼んでいます。

2章でも少しお話ししましたが、実際に「スキルマップシート」を見ていただいたほうがわかりやすいと思います。

まずは店内の仕事のカテゴリー分けをしていきます。148〜149ページは、「ホールスタッフ」の評価シートです。このお店では、①経営理念、②働くスタンス、③ご案内、④ハンディー操作、⑤オーダーテイク、⑥ドリンク、⑦商品提供、⑧中間サービス、⑨レジ業務、⑩お見送り、⑪洗い場、⑫電話対応、⑬宴会対応、⑭クレーム対応、⑮アルバイトリーダー、全15の項目（カテゴリー）を設定しています。ここでポイントとなるのは、カテゴリーの中に作業スキルだけではなく、①経営理念や②働くスタンスを入れておくことです。

①の経営理念には、経営理念を体現するための具体的行動、つまり「行動指針」を入れておきます。②の働くスタンスでは、勤怠ルールやシフト貢献度等を盛り込んでおきます。

その他のカテゴリーにおいては、それぞれのポジション、業務において店として「大切にしたいこと」を明文化して盛り込んでいきます。この「大切にしたこと」が、店舗としての差別化の源泉になっていくのです。

そして、それぞれの項目に関して、自己評価⇓店長評価⇓最終評価と行なっていきます。自己評価と店長評価が異なる場合には、必ずその理由を本人にフィードバックする必要があります。そして、各カテゴリーに関して合格の達成度を設定していきます。達成度に関しては、それぞれのカテゴリーの難易度に応じて変えていくこともできます。この例だと、「アルバイトリーダー」以外は70％の達成度で合格となっています。さらに、それぞれのカテゴリーに関して合格した場合の時給アップを記載しておきます。この場合だと、5つのカテゴリーで合格となりましたので、時給が50円アップすることになります。

「何ができたら時給がいくらになるのか」を明確化することが大切です。さらに、各カテゴリーを合格するたびに時給アップにつながっていくので、アルバイトには「もっと他のカテゴリー（ポジション）も覚えたい！」というモチベーションが生まれやすくなります。

これが、最初に申し上げた「多能工化」につながり、結果として「スーパーアルバイト」を育てる仕組みになります。さらに、今回のスキルマップシートでは各カテゴリーの達成度をグラフ化していますが、このようにグラフ化することで、視覚的にも自身のスキルレベルが把握しやすくなります。このスキルマップシートは、言うならば個人のカルテです。今そのスタッフは、「何ができて、何ができていないのか」を把握することができます。店長はスキルマップシートを見ながら、アルバイト一人ひとりの育成計画を立てていくことが重要

店舗名		氏名		日付	

⑦商品提供	28	キッチンから出てきた商品に関して、最終のチェックができる	2	2	2
	29	「温かい物は温かく」「冷たい物は冷たく」という鉄則を守るべく、スピーディーに行動している	2	2	2
	30	提供時にお客様に商品の特徴やおいしい食べ方等を説明できる	1	0	0
	31	商品提供時にお客様のテーブルの上の状況をよく見て判断することができる	1	1	1
		合計	6	5	5
		達成率	75.0%	62.5%	62.5%
⑧中間サービス	32	タイミングよく追加ドリンク等をおすすめすることができる	1	1	1
	33	空いたお皿、グラス等を丁重に下げることができる	1	1	1
	34	取り皿、灰皿交換などお客様への配慮ができる	1	1	1
	35	定期的に店内を巡回し、お客様に呼ばれる前に対応できている	1	1	1
		合計	4	4	4
		達成率	50.0%	50.0%	50.0%
⑨レジ業務	36	スムーズにレジ会計業務ができる（クレジットカード、割引含む）	2	2	2
	37	お会計を始める前に必ずお客様に一礼している	2	2	2
	38	お金の受け取りや受け渡しは必ず両手で行なっている	2	2	2
	39	会計時にお料理の感想などを伺えている	1	1	1
		合計	7	7	7
		達成率	87.5%	87.5%	87.5%
⑩お見送り	40	お客様のお帰りにいち早く気づき、伝票などの対応ができる	2	2	2
	41	お客様の忘れ物のチェックがしっかりとできている	2	2	2
	42	再来店につながるような会話（フェア、イベント）ができている	1	0	0
	43	最後はしっかりと入口まで行きお見送りすることができる	1	1	1
	44	感謝の気持ちを持って「ありがとう」が言える	2	2	2
	45	お客様が帰られた後の席は丁寧、かつスピーディーにバッシングができる	2	2	2
		合計	10	9	9
		達成率	83.3%	75.0%	75.0%
⑪洗い場	46	食器の破損が無いように、最善の注意を払って行なっている	0	0	0
	47	洗い場業務を前向きにとらえ、業務改善の視点をもって取り組んでいる	0	0	0
	48	足りない食器等を意識した上で洗い物ができている	0	0	0
		合計	0	0	0
		達成率	0.0%	0.0%	0.0%
⑫電話対応	49	元気よく電話に出ることができ、店舗名と名前をはっきり言える	1	1	1
	50	宴会・コースの説明を正しくできる	1	1	1
	51	席の回転や予約状況を意識した上で、効率的に予約を取ることができる	0	0	0
	52	その他要望に対して責任者に変わって予約を取ることができる	0	0	0
		合計	2	2	2
		達成率	25.0%	25.0%	25.0%

スキルマップシート

0点：できていない　1点：できている　2点：他のスタッフの手本になる位完璧にできている

カテゴリー		内容	自己	店長	最終
①経営理念	1	会社の経営理念を暗唱でき、意味を理解している	1	1	1
	2	お客様に楽しくお食事をしてもらうための提案ができている	0	1	1
	3	仲間の陰口・悪口を言うことなく、前向きに働いている	1	1	1
	4	取引業者様への感謝を忘れず、元気に挨拶ができている	2	2	2
	5	アルバイトミーティングに積極的に参加し意見を言えている	1	1	1
		合計	5	6	6
		達成率	50.0%	60.0%	60.0%
②働くスタンス	6	タイムカード打刻やその他店舗内のルールを守れている	2	2	2
	7	土日の勤務が可能である	2	2	2
	8	遅刻や無断欠勤がまったくない（1回以上は0点）	2	2	2
	9	出退勤時には元気よく挨拶ができている	2	1	1
	10	報告、連絡、相談がしっかりとできている	2	1	1
	11	指示に対して素直に従うことができる（前向きな意見はＯＫ！）	2	1	1
		合計	12	9	9
		達成率	100.0%	75.0%	75.0%
③ご案内	12	お客様の来店を常に意識し、迅速に笑顔でお客様のお出迎えができる	1	1	1
	13	ご来店していただいたことにしっかりと感謝の言葉を伝えられている	1	1	1
	14	来店人数、テーブル状況をしっかり理解しご案内することができる	2	1	1
	15	入口の段差等に対してお客様に注意喚起ができる	2	2	2
		合計	6	5	5
		達成率	75.0%	62.5%	62.5%
④ハンディー操作	16	ハンディーを問題なく取り扱うことができる	2	2	2
	17	客数や客層等のデータを正確に入力できている	2	2	2
	18	ハンディーを常に丁寧に使うことを心がけている	2	2	2
	19	ハンディーのマスター登録ができる	1	1	1
		合計	7	7	7
		達成率	87.5%	87.5%	87.5%
⑤オーダーテイク	20	商品に対するお客様の質問に対して完璧に答えられる	1	0	0
	21	当日のおススメ商品を元気よく笑顔でおすすめすることができる	1	1	1
	22	最後にしっかりとオーダーの復唱を行なっている	1	1	1
	23	オーダーを伺う際にはお客様の目を見て笑顔で対応している	1	1	1
	24	お子様に対して、商品の提案ができる	1	1	1
		合計	5	4	4
		達成率	50.0%	40.0%	40.0%
⑥ドリンク	25	すべてのドリンクレシピをスピーディーかつ正確に作ることができる	2	2	2
	26	ドリンク場の準備と片付け業務ができる	2	2	2
	27	ドリンク場の在庫管理と棚卸ができる	1	0	0
		合計	5	4	4
		達成率	83.3%	66.7%	66.7%

⑬宴会対応	53	コース内容を理解しお客様の前で説明することができる	1	1	1
	54	お客様の食べ具合等を加味した上で厨房に料理の声かけができる	0	0	0
	55	コース人数を把握した上で、準備ができる	1	1	1
	56	幹事様とコースの進行等に関して、適切なコミュニケーションがとれる	0	0	0
		合計	2	2	2
		達成率	25.0%	25.0%	25.0%
⑭クレーム対応	57	状況をしっかり責任者に報告できる	2	2	2
	58	まずはしっかりとお客様に誠意をもって「謝罪」ができる	2	1	1
	59	発生したクレームに関して、他のスタッフと共有できている	2	2	2
	60	クレームの再発防止策を自ら提案できる	1	1	1
		合計	7	6	6
		達成率	87.5%	75.0%	75.0%
⑮アルバイトリーダー	61	担当商品の管理ができ、発注することができる	0	0	0
	62	仲間の相談や悩みを聞き、それを社員と共有し、一緒に改善ができる	0	0	0
	63	常に元気で他スタッフの模範となっている	1	2	2
	64	オープンからクローズまで社員の代行を務めることができる	0	0	0
	65	お店の発展に向けて、自ら前向きな提案ができる	1	2	2
		合計	2	4	4
		達成率	20.0%	40.0%	40.0%
		総合計	80	74	74
		達成率	61.5%	56.9%	56.9%

〈スキルチェック結果〉

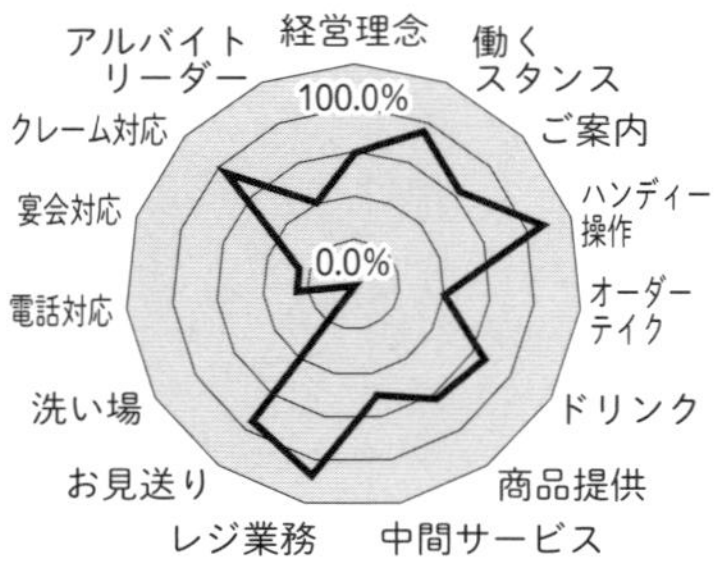

カテゴリー	達成率	合格点	合否	+時給
①経営理念	60.0%	70.0%	残念！	
②働くスタンス	75.0%	70.0%	**合格！**	+10円
③ご案内	62.5%	70.0%	残念！	
④ハンディー操作	87.5%	70.0%	**合格！**	+10円
⑤オーダーテイク	40.0%	70.0%	残念！	
⑥ドリンク	66.7%	70.0%	残念！	
⑦商品提供	62.5%	70.0%	残念！	
⑧中間サービス	50.0%	70.0%	残念！	
⑨レジ業務	87.5%	70.0%	**合格！**	+10円
⑩お見送り	75.0%	70.0%	**合格！**	+10円
⑪洗い場	0.0%	70.0%	残念！	
⑫電話対応	25.0%	70.0%	残念！	
⑬宴会対応	25.0%	70.0%	残念！	
⑭クレーム対応	75.0%	70.0%	**合格！**	+10円
⑮アルバイトリーダー	40.0%	80.0%	残念！	
合計	55.4%	−	−	−
今回プラス時給		**+50円**		

です。評価を行なった後には、必ずスキルマップシートを見ながらアルバイトと面談を行ない、次回の評価までにどの部分を達成していくのかという目標設定を行なっていきます。

そして、次回評価時には前回立てた目標に対して達成度を評価していくのです。このようなサイクルを繰り返していくことで、初めて「アルバイトが育つ店」ができていくのです。

「アルバイトがなかなか育たない！」と嘆いている経営者のみなさん。その原因はズバリ、「アルバイトを育てる仕組み」がないからに他なりません。ぜひ、みなさんのお店でも「スキルマップシート」に取り組んでみてください。

5 「あなたの店のアルバイトが辞める本当の理由」

居酒屋を4店舗経営している社長さんからのご相談でした。

「最近、店舗のアルバイトがよく辞めるんです……」

こちらの居酒屋さんは、現在の社長が20代のときに創業されました。1店舗がヒットし、2店舗、3店舗、4店舗目と次々に店舗を広げられてきました。しかし、3店舗目を超えたあたりから、アルバイトの離職が増えてきたということです。

三ツ井「社長さんは、アルバイトさんの離職が増えている原因は何だと思いますか？」

社長「そうですね。私が創業した当初は、まだまだ近所にお店も少なかったのでアルバイトさんもよく集まりましたし、辞めませんでした。しかし、今は近隣には大手のチェーンも増えていますからね。大手のチェーンさんは時給がいいから、けっこうそっちに人材が流れていっているのかもしれませんね。実際、昔うちで働いていたアルバイトが、駅前の居酒屋チェーンで働いているのを見ましたからね（笑）」

たしかに、最近では求人広告を見ると、大手の居酒屋チェーン等でかなり好待遇の求人を見かけることが多々あります。これだけ人材獲得難の時代ですから、待遇面での競争が激化しているのも事実です。今回の居酒屋に限らず、他の飲食店オーナーとお話しをしていても「うちは、大手さんみたいに時給が出せないからね」とか「大手さんは福利厚生面が強いからね」という声をよく聞きます。

「時給が低いから人が辞める」。たしかに給与の不満は離職のひとつの要因になりますが、本当にアルバイトの離職理由はそれだけなのでしょうか？　ここで、興味深い調査データを見ていきます。次々ページの表は、求人情報誌「ａｎ」が退職したアルバイト５６５３名に実施した、退職理由に関するアンケートの調査結果です。

「全体」「大学生」「フリーター」「主婦・主夫」と、それぞれの退職理由をまとめています。

働く層によって退職理由は多少異なるものの、すべての働く層において、1位または2位にランクインしている退職理由があります。それは「店長や社員の人の雰囲気が悪いから」という理由です。逆に、「給与が低いから」という理由は全体では5位です。みなさん、いかがでしょうか？　このデータを見ていただくと、アルバイトの人たちは、決して「時給」だけが理由で退職しているわけではないことがおわかりいただけると思います。

何よりもアルバイトが重視しているのは、「店長や社員の雰囲気」なのです。今回の居酒屋と同様に、全国の飲食店オーナーとお話しをしていると、「創業当時はアルバイトさんもなかなか辞めなかったけれど、店舗数が増えてからアルバイトさんがよく辞める」というお話しをよく耳にします。これは、多店舗展開をされる店舗に非常に多い課題です。創業のときは、社長が店舗のスタッフと直接コミュニケーションがとれますが、店舗が増えていくと同時に、しだいに各店のスタッフとのコミュニケーションが希薄になります。当然ながら、各店の管理は店長に任せていくことになります。

任せられた店長が社長の想いに共感していて、スタッフとのコミュニケーションも上手にとってくれる人であれば問題はないのですが、現実はなかなかそうではありません。スタッフとのコミュニケーションがあまり上手ではない店長や、店舗のコンセプトや社長の想いをしっかりと理解できていない人が店長になるケースもあります。「そんな人を店長にするこ

●アルバイト退職理由ランキング

順位	全体	大学生	フリーター	主婦・主夫
1位	**店長や社員の人の雰囲気が悪いから**	長い期間働ける仕事でないから	**店長や社員の人の雰囲気が悪いから**	**店長や社員の人の雰囲気が悪いから**
2位	長い期間働ける仕事でないから	**店長や社員の人の雰囲気が悪いから**	長い期間働ける仕事でないから	長い期間働ける仕事でないから
3位	楽でない・疲れる仕事だから	楽でない・疲れる仕事だから	給与が低いから	楽でない・疲れる仕事だから
4位	仕事内容に興味が持てない・興味を失ったから	給与が低いから	仕事内容に興味が持てない・興味を失ったから	仕事内容に興味が持てない・興味を失ったから
5位	給与が低いから	仕事内容に興味が持てない・興味を失ったから	楽でない・疲れる仕事だから	求人募集に記載されていた内容と、実際の仕事内容・条件が異なるから

出典：株式会社インテリジェンス

とが悪い！」と思われる方もいると思いますが、会社の成長期には、ベストな人選ができないケースが多いのも実情です。つまり、出店のスピードに対して人材が追いついていないのです。

では、なぜ店長はアルバイトや部下と上手にコミュニケーションがとれないのでしょうか？　答えは簡単です、多くの人は生まれてから今まで「部下とのコミュニケーションの仕方」を学んだことがないからです。みなさんは、幼稚園、小学校、高校、大学などで「アルバイトスタッフの扱い方」とか「部下から信頼される上司になるためには」とか「部下に嫌われる上司の特徴」などといった授業を1回でも受けたことがありますか？　恐らくないと思います。

多くの飲食店では、このように部下とのコミュニケーションやリーダーシップ等の「人材マネジメント」に関して、何の教育も受けていない人材を現場に送り込んでいます。私は、こうした飲食店の状況を次のようにたとえています。

「人材マネジメントの方法を学ぶことなく店長に抜擢するのは、何の教育もせず、何の兵器も与えずに激戦の戦地に送り込まれた新兵と一緒だ」

このようなお話しをすると、反論されるオーナーもおられます。「理論や武器は後でいいんです！　大切なのはお客様を想う気持ちだ！」と。たしかにおっしゃる通り、「想い」は大切です。しかし、その「想い」だけで激戦の戦地を生き延びることができるでしょうか？

当然ながら、そんな「精神論」だけでは生き延びることはできません。

実際の飲食店の現場を見てください。飲食業という職業に期待を抱いて入社した多くの若者達が「人材マネジメント」につまずいて、精神的に参って飲食業を離れていっています。

かつての私もそうでした。若くして店長になった私は、「人材マネジメント」に関する知識は皆無でした。とにかく、毎日トライ&エラーを繰り返して覚えていくしかありませんでした。しかし、なかなか上手くいかず、部下からの私に対する批判は大きくなるばかり。今思い返しても胃が痛くなるぐらい、この時期は本当に精神的に辛かったです。

会社の規模や店舗数にかかわらず、社員や店長には「人材マネジメント」に関する教育を受けさせることが絶対に必要です。自社で難しければ、外部の研修を利用してでも勉強をさせてあげてください。次章では、店長の教育に焦点を当ててお話しをさせていただきます。

相談内容

何度言っても
ダメな店長、
いつ見切りをつけたら
いいですか？

5章

「ダメ店長」を短期間で「プロ店長」に変身させた仕組みとは

1 「そもそも優秀な人材はあなたのお店には入社しない」

「いやー、三ツ井さん、なかなかうちの店には優秀な人材が入社してくれないんです」

「いやー、三ツ井さん、うちのスタッフは何度言ってもダメなんですよ。もっと優秀な人材がいれば、うちの会社ももっと伸びるんですけどね～」

「前は優秀な人材がいたので売上がよかったんですけどね～」

日々、飲食店の経営者の方とお話しをしていると、このようなご相談を受けることがあります。

「優秀な人材さえ採用できれば」――多くの飲食店が望んでおられることだと思います。では、どれぐらいの飲食店が「人」で困っているのか？　株式会社帝国データバンクが全国の1万5１９社に対して、現在の従業員の過不足状況、つまり「人手不足」に関して行なった調査のデータをお伝えします。

飲食店では、正社員においては半数以上の企業が「人手不足」であると感じており、契約社員やパートスタッフ等を含めた「非正社員」では、なんと85・7％の企業が「人手不足」であると答えています。これは業種別では1位の数値で、2位の飲食料品小売業と比べても、約20％の差が開いています。このデータを見ても、飲食店がどれだけ「人手不足」に悩んでいるかがおわかりいただけるかと思います。

何を言いたいのかと言うと、みなさんの店だけが「人手不足」であると感じているわけではなく、90％近い飲食店が「人手不足」であると感じているということです。

さらに言い方を変えると、みなさんがお店を経営されている地域の競合店のほとんどが「人手不足」を感じているということです。こうした状況を踏まえた上で、改めてひとつ、みなさんに質問をさせてください。

これだけ人手不足が深刻化している中で、「優秀な人材」が飲食店以外の職業ではなく、まわりの飲食店でもなく、みなさんの店に入社したいと思う理由は何ですか？

「飲食業は、他の職業と比べてやりがいがあるから」
「自店は、他の店に比べて給与や時給が高いから」
「自店は、他の店よりも待遇がいいから」
「自店は、他の店よりも仲間同士のつながりが深く、働きやすいから」
「自店は、他のお店の経営者よりも経営者としての魅力があるから」

なるほど、たしかにそうかもしれません。しかし、みなさんがそう思っているように、他の業種や他の飲食店の経営者も同じように思っています。

さらに、もうひとつ質問をします。「あなたの町に、飲食店で働く優秀な人材は何人いますか？」たとえば、近隣の競合店にご飯を食べに行ったときに「あ〜、このスタッフいいな。ぜひうちの店で働いてほしい！」と強く感じる人が何人ぐらいいそうですか？　どうでしょうか？　10人ですか？　50人ですか？　１００人ぐらいいいそうですか？　現実にはそんなに大勢いないと思います。

こう考えていくと、「優秀な人材」があなたの店に入社する可能性がいかに低いかがおわかりいただけるかと思います。残念ですが、これが現実なのです。であれば、最初から優秀な人材の雇用を過度に期待するのを止めてみませんか？

なので私は、いつも飲食店の経営者の方に、あえて「そもそも、優秀な人材はあなたの店には入社しない」と思ってくださいと伝えています。これからますます人材不足が深刻化していく飲食業界においては、「優秀な人材＝マンパワー」依存の経営から、「優秀な人材を育てる＝システムパワー」経営に転換していく必要があるのです。この転換が図れない飲食店は、淘汰されていくと言っても過言ではないでしょう。

どんなに優良立地で営業をしていても、どんなに時流に乗ったかっこいいコンセプトでも、どれだけマスコミに取り上げられている飲食企業でも「人材育成力」がなければ、3年以内に必ず衰退します。「うちはまだ1店舗だし、人材育成とかは5店舗ぐらいになってからでいいな」と思われている経営者の方も多いですが、結論から言うと、この考え方は間違っています。5店舗になってから人材育成を行なっても遅いのです。人材は、そんなにすぐに育つものではないし、企業の「人材育成力」も、他社の真似をしただけで体得できるものではありません。

大切なのは、店舗数が少ないときからでも、しっかりと人材育成の仕組みづくりに取り組み、日々ブラッシュアップしながら自社独自の人材育成システムを確立していく必要があります。飲食店の継続的な繁盛とは、「マーケティング力」×「人材育成力」で成り立っています。「マーケティング力」は残念ながらすぐに真似をされてしまいます。しかし、そこに「人材育成力」が組み合わされることによって、初めて他社には真似のできない独自固有のビジネスモデルとなるのです。ビジネスモデルとは決して「売り方」だけのことではありません。「うちの店長はダメだ！」――そんなことばかり言っていても、何の解決にもなりません。本章では、優秀な店長を育てる人材育成システムに関して、くわしくお話しをしていきます。

2 「素人社員を、優秀なプロ社員にするための育成カリキュラムをつくろう」

前の項でお話しをさせていただいた通り、このような人材不足の時代においては、「優秀な人材を採用しよう」としても、なかなか思うようにはいきません。むしろ、「優秀な人材なんか採用できない」と割り切った上で、経営者のみなさんは「優秀な人材をどうやって育成していくのか」という視点に切り替えていく必要があります。

では、優秀な人材を育成するためには、具体的に何をすればよいのでしょうか？　ここは、みなさん悩まれるところかと思います。まず初めに優秀な人材を育成するための手順をお伝えさせていただきます。

〈ステップ1〉　優秀な人材の定義を決める

まずは、「何ができたら優秀なのか？」ということを明確化する必要があります。当たり前のことのようですが、意外とこの定義が決まっていないことが多いのも事実です。

これは、何も店長に限ったことではありません。それぞれの役職ごとに「やってほしい仕

●優秀な人材を育成するための4ステップ

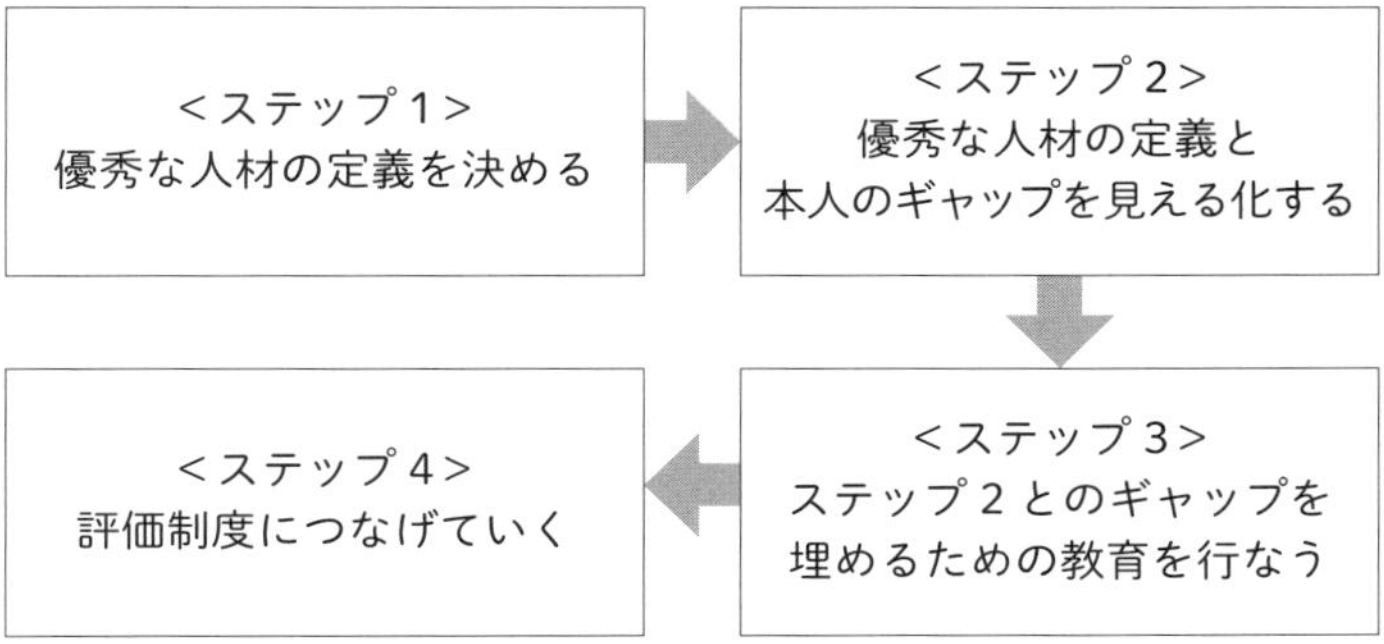
＜ステップ1＞
優秀な人材の定義を決める
＜ステップ2＞
優秀な人材の定義と
本人のギャップを見える化する
＜ステップ3＞
ステップ2とのギャップを
埋めるための教育を行なう
＜ステップ4＞
評価制度につなげていく

事」を明文化していく必要があります。いわば、社員バージョンの「スキルマップシート」です。

次ページ表のように、業務区分ごとに求められる権限や仕事の内容をすべて見える化してスキルマップシートを作成していきます。なお、業務区分に関しては、大まかには、①店舗オペレーション、②クレーム対応、③受発注業務、④QSC向上、⑤シフト・勤怠管理、⑥予算・実績管理、⑦新商品開発、⑧採用・教育、⑨人事考課、⑩会議・報告書作成となります。

積極的に多店舗展開をしていく企業であれば、部長クラスには「新業態開発」や「出店立地開拓」等の項目が加わることになります。

作成方法としては、まずは業務区分ごとに「あるべき姿」や「やるべき仕事」をすべて書き出してみてください。この際には全スタッフを集めてヒアリングを行なってもいいでしょう。こうした場が、自身の仕事を見直す

スキルマップシート

	業務区分	内容	部長	店長	料理長	ホール主任	キッチン主任	一般社員	アルバイトリーダー
1	店舗オペレーション	開店準備の指示や実行ができる	●	●	●	●	●	●	●
2	店舗オペレーション	閉店準備の指示や実行ができる	●	●	●	●	●	●	●
3	店舗オペレーション	当日の売上予測に基づいて仕込みの指示書が作成できる	●	●	●	●	●		
4	店舗オペレーション	忙しい時でも冷静に営業ができる（テンパらない）	●	●	●	●	●	●	●
5	店舗オペレーション	清掃スケジュールに基づいた清掃が実行できる	●	●	●	●	●	●	●
6	店舗オペレーション	QSCチェックシート記載の内容が順守できている	●	●	●	●	●	●	●
7	店舗オペレーション	正しい朝礼を行なうことができる	●	●	●	●	●		

きっかけにもなります。

そして、みんなからあがった業務内容を整理してまとめることで構築していきます。

〈ステップ2〉優秀な人材の定義と本人のギャップを見える化する

ステップ1で、優秀な人材の定義＝スキルマップシートを定めたら、次は個人ごとに本来やらなければならない業務に関して、どの程度できているかをチェックしていきます。こうすることで、その役職に求められるスキルレベルと本人のスキルのギャップを知ることができます。

人は、意外に自分のスキルレベルを知りません。むしろ、「自分は結構できている」と思っている人が多いのです。本人の「できている」レベルとお店、会社が求める「できている」レベルにギャップがあっては、いつまでたっても店の求める成長は実現できないのです。まずは、「あなたにはここが足りていないよ」という明確なメッセージを相手に伝えることが大切です。

〈ステップ3〉 ギャップを埋めるための教育を行なう

ステップ2で、役職に求められるスキルレベルと現状のスキルのギャップをスキルマップシートで見える化できたら、今後は足りない部分を教育で補っていかなくてはなりません。

ここで重要なことは、業務内容に求められる仕事の内容一つひとつに関して、もう少し詳細を記載した「マニュアル」を作成することです。マニュアルと聞くと、何やら作るのがたいへんそうなイメージを持たれる方も多いかもしれませんが、あまり複雑に考えることはありません。それぞれの項目に関して、箇条書きでも結構ですので、やるべきことや項目を記載していけばいいのです。

さらにマニュアルは、一度で完璧なものに仕上げる必要はありません。少しずつ書き足していくことで、よりクオリティの高いマニュアルに進化していきます。そしてマニュアルができたら、そのマニュアルを使って研修を行ないます。ここでも「研修」と聞くと、何か大がかりなことを想像される方がおられますが、要は「勉強会」です。営業時間前にスタッフを集め、マニュアルを使って本来の自分の立場における「あるべき姿」を学ぶのです。

実施の方法としてはいろいろとありますが、階層別に行なってもいいでしょう。たとえば、「アルバイトリーダー養成勉強会」だとしたら、アルバイトリーダー候補の人に集まってもらい、スキルマップシートやマニュアルを使って勉強会を行ないます。また別の日には、店長や店長候補の人に集まってもらい、同じくスキルマップシートやマニュアルを使って勉強会を行なうのです。これも、立派な「教育カリキュラム」です。何も難しく考えることはないのです。

こうした勉強会を行なうことで、スタッフは「今の自分に足りない点」や「これから自分が身に着けていかなければならないこと」を〝明確〟に知ることができます。つまり、言い換えると、将来の自分の成長をイメージすることができるのです。

この「成長イメージ」ができる会社かどうかは、定着率にも大きく関わってきます。本書でも繰り返しお伝えしていますが、人は自分が将来、どうなるかわからない会社では働きたがらないのです。

〈ステップ4〉 評価制度につなげていく

そして最後に、最も重要なことはこのスキルマップシートを評価制度につなげていくことです。

「あるべき姿の見える化」⇓「自身のスキルギャップの認識」⇓「スキルを高める教育」⇓「スキル評価」――このように連動させて繰り返し実施していくことで、「優秀なプロ店長を育成する仕組み」ができていくのです。

「いつか、優秀な店長が採用できるだろう」
「いつか、社員並にできるアルバイトが入ってきてくれるだろう」
こんな受け身のことを考えていても何の意味もないのです。

3 「店長に〝売上を上げろ！〟と言っても売上は上がらない」

先日、業績不振に悩む飲食店経営者の方からのご要望で会社の会議にお邪魔しました。こちらの会社は現在、飲食店を3店舗展開されておられます。その中の1店舗で郊外の和食店であるA店の売上が、急激に悪化している状況です。会議の中で、社長は不振店A店の店長に檄を飛ばしています。

社長「3ヶ月以内に売上を回復させなさい！　そもそも、売上が下がった原因は何なんだ？」

店長「はっ、はい。やはり、最近オープンした近くの居酒屋にかなりお客様を取らてしまっています」

社長「そうか。あの店か。たしかにかなり流行っているらしいな」

店長「でも、必ずお客様を取り返して見せます！」

社長「現状の売上からだと、120％ぐらいは売上を伸ばさないと黒字にならないんだぞ！」

店長「3ヶ月で必ず何とかします！」

社長「よし！　猶予は3ヶ月だ。必ず3ヶ月以内に回復させるんだぞ！」

会議の後で、社長さんとお話しをしました。

三ツ井「社長、会議お疲れさまでした。社長は、A店の不振の原因は何だと思いますか？」

社長「原因ですか？　はっきりとしたことはわからないですが、やはり近くに競合店ができたことが原因だと思いますよ。かなり入っているみたいだし」

三ツ井「競合店ですか？　その競合店に社長は行かれましたか？　A店の店長は行かれましたか？」

社長「いや、まだ私もA店長も行っていないのですよ。実際に行った人の話を聞くと、かなり流行っているみたいです」

みなさんは、このやり取りを聞いてどう感じられましたか？　A店は3ヶ月以内に120％の売上アップを達成できるでしょうか？　答えは「ノー」です。なぜ、A店の売上が上がらないかという理由を次に記載します。

①売上不振の原因が不明確【現状分析】

社長も店長も、「最近オープンした競合店」を売上不振の理由として挙げていましたが、はたして本当にそうでしょうか？　実際に私がその競合店に行ってきました。その「競合店」は、A店から車で15分の所にありました。客層は明らかにA店とは異なります。客単価に関しても、A店より500円以上も高い設定です。そして、何よりも私が見る限りでは、決して繁盛していませんでした。こちらの店の店長さんと話をすると、どうやら4ヶ月前にオープンをしたそうです。トイレにはオープン時に行なったと思われるイベントのポスターがまだ貼ってありました。そこには、「オープン記念！　生ビール99円！　料理全品半額フェアー！」と書かれていました。

その店の店長に聞いてみます。

三ツ井「店長さん、トイレにポスターが貼ってあったけど、生ビール99円、料理半額はすごく安いね！」

店長「あっ！　まだポスターが貼ってありました？　すみません、もうイベントは終わっちゃったんですが、オープンから1ヶ月間はものすごい人でした。今は、もう大分落ち着きましたけど」

つまり、オープンイベントの集客を見て「繁盛している」と思い込んでいたのです。このように、正しい現状分析ができておらず、自店の不振要因がわかっていない状態では、改善策の立てようがありません。今回のように思い込みをして間違った改善策を実行してしまう可能性もあります。

②精神論ばかりで、具体的な行動が決まっていない【アクションプラン】

先ほどの社長と店長のやり取りを見ていかがでしたでしょうか？「やります！」「頑張ります！」というような返事はありましたが、結局何を「やるのか」が定まっていません。具体的なアクションプランを定めない限り、改善は進みません。

③アクションの効果や進捗をチェックする機能がない【アラートシステム】

そもそも、不振の要因もわからず、具体的なアクションが決まっていませんが、そのアクションの進捗をチェックする機能がないことも問題です。アクションの結果が規定した数値よりも低い場合には、組織内に「アラート（警報）」を鳴らす仕組みを構築しなくてはなりません。

以前にもお話しをさせていただきましたが、大半の飲食店企業は店舗の課題を「精神論」で乗り切ろうとしているのが実情です。つまり、「問題の原因がわからず、問題を解決するアクションも不明確で、アクションの進捗が追いかけられない」状態です。

店長に対して漠然と「売上を上げなさい！」と言っていても、いつまでたっても売上は上がらないのです。売上不振の原因は何なのか？ その原因を解決するためには何をしたらいいのか？ という細かいアクションを、あらかじめ定めておく必要があります。つまり、売上を上げるためのロジック（論理）を定めておく必要があります。課題を細分化し、それに対する対策を定めていきます。私はこれを、「原因分析ロジックツリー」と呼んでいます。

一概に「売上が悪い」と言っても、客数が少ないのか？ 客単価が低いのか？ さらに客

●原因分析ロジックツリーの一例

課題1	課題2	課題3		原因1	
売上が悪い	客数が少ない	A	新規客が少ない	1	店前通行客が入店しづらい
				2	販促媒体からの新規獲得ができていない
				3	ロコミによる来店が少ない
				4	近隣法人客を獲得できていない
		B	リピート客が少ない	5	QSCレベルが低い
				6	会員化が進んでいない
				7	会員客へのアプローチができていない
				8	次回来店動機がない
				9	法人客の再来店が少ない
		C	機会損失がある	10	効率的に席予約を取れていない
				11	ピークタイムに効率的にご案内ができていない
	客単価が低い	D	一品単価が低い	12	メニューのオーダー誘導ができていない
			注文数が少ない	13	商品の提供時間が遅い
				14	追加オーダーが取れていない

数に関しても、新規客が少ないのか？ リピート客が少ないのか？ といった具合に、課題をどんどん細分化していきます。現状分析ロジックツリーを使うことで、正しい現状分析を行なうことができるのです。

A店では、「近隣に競合店ができたから」という原因を挙げていましたが、実際にこの現状分析ロジックツリーを使って分析を行なった結果、次のような原因が該当しました。

1．店前通行客が入店しづらい

店頭にメニューやA型看板がないので、何を食べられる店なのか？　価格はいくらぐらいなのかがわからず入店しづらい

4．近隣法人客を獲得できていない

前任の店長は月に数件、必ず近隣法人を訪問して季節コース等の案内をしてきたが、A店長は行なっていない。これにより、法人宴会獲得件数が減少している

8．次回来店動機がない

以前は実施していた、次回来店時に使える「割引クーポン」に関して、いつの間にか配布しなくなっていた。以前は、このクーポンの誘因客数が月間250名以上いた

13．商品の提供時間が遅い

直近のメニューリニューアルでメニュー数が増え、オペレーションが複雑化したため、明らかに提供時間が遅くなり、お客様からのクレームが増えている

ざっとヒアリングをしただけでも、これだけの原因がありました。原因がわかれば、あとは具体的なアクションを実行し、アクションの進捗状況を追いかけていくことになります。続きに関しては、次の項でお話しをさせていただきます。

4 「店長に〝小さな成功体験〟を与える仕組みの作り方」

前項では、現状分析の手法のひとつとして、「原因分析ロジックツリー」のお話しをさせていただきました。この項ではさらに「アクションプランの策定」、「実行」という流れについてお話しをさせていただきます。

原因分析ロジックツリーを使って問題の原因を細分化できたら、次は原因に対する具体的なアクションと、そのアクションを行なう上での目標数値を定めていきます。このように「課題」「原因」「アクション」「目標数値」までを1枚の紙にまとめます。私はこれを、「KPIシート」と呼んでいます。

KPIとはKey Performance Indicatorの略で、日本語では「重要業績評価指標」と言います。つまり、現状の課題を解決する具体的アクションの進捗状況を確認するための数値指標です。前項でお話しをしたA店のKPIシートを参考に説明をさせていただきます。

こちらの会社では、A店と他の2店舗の店長とスタッフ達と一緒にミーティングを行なわせていただきました。ミーティングでは、それぞれの原因に対する対策やアクションをみんなで議論しながら決めていきます。

ひとつを参考にお話しをさせていただきます。ミーティングの中で「売上が悪い」という課題に対して、原因を深掘りしていきます。さらに、それぞれの原因に対してアクションを定め、目標数値を設定していきます。

たとえば、「課題1：売上が悪い」→「課題2：客数が少ない」→「課題3：新規客が少ない」→「原因：店前通行客が入店しづらい」→「対策：衝動入店の誘導」→「アクション：呼び込み実施」→「目標数値：1日3組以上」という流れです。

店長いわく、A店は繁華街にあるため、営業中に店前で入店を悩まれているお客様を1日に数組見かけるそうです。しかしながら、こうしたお客様に対しては、今までは何のアプローチもできていませんでした。

このように、「入店を悩まれているお客様に、しっかりとお声がけをしていけば入店につながるのでは⁉」という意見から、「1日3組以上に入店のお声がけをする」というKPIを設定しました。このような具合に、全28項目のKPIを設定しました。

このKPIを見て、みなさんはどう感じましたか？　実際に、この事例のお話しをさせていただくと「こんなにたくさんの項目を実施するのは不可能だ！」「細かすぎて、管理できない‼」といった意見を聞きます。たしかに、おっしゃる通りです。

KPI（重要業績評価指標）			
	対策	アクション	目標数値
1	衝動入店の誘導	入店お声がけ	1日3組以上
2	店頭における一番商品や予算感の打ち出し	時間帯別の看板掲示	1日2回変更
3	媒体ごとの流入客数の分析、及び対策	媒体効果分析	CPO400円以下
4	SNSによるタイムリーな情報発信	SNS更新	1日1回以上
5	QSCレベルのアップによるよい口コミの発生	QSCチェック点数向上	80点以上
6	顧客満足度向上によるよい口コミの発生	顧客アンケート反省会	月1回実施
7	近隣法人に対して訪問営業を行なう	法人営業件数	月10社以上
8	近隣法人に対してFAXDMを行なう	FAXDM配信数	月1,000社以上
9	QSCレベル向上に向けたスタッフ間の連携	店内ミーティング	月1回以上
10	教育シートを活用した面談	教育面談	月1回以上
11	一般会員獲得に向けた積極的な声がけ	一般会員獲得数	月間100名以上
12	キッズ会員獲得に向けた積極的な声がけ	キッズ会員獲得数	月間50名以上
13	一般会員の来店に向けたDM発送	一般会員DM発送	月間100枚以上
14	キッズ会員の来店に向けたDM発送	キッズ会員DM発送	月間100枚以上
15	レジでの次月イベントのご案内	次月イベントチラシ配布	全組配布
16	レジでの次回来店割引クーポンのお渡し	再来店クーポン配布	全組配布
17	レジで名刺交換をし顧客リストを作成する	名刺交換組数	1日5組以上
18	会計時に宴会チラシをお渡しする	宴会チラシ配布	全組配布
19	フロアマップを見ながら席予約を取る	お断り件数	10組以下
20	週末は16：30からの開店をアピールする	ハッピーアワー案内	全組案内
21	満席時には携帯番号をお伺いし、空き次第連絡する	ウェイティング登録	全組案内
22	カウンター席への誘導を行なう	席稼働率	80％以上
23	オススメメニューを作成し声がけする	オススメ声がけ	全組声がけ
24	オススメコースの販売を強化する	ミドル単価コース販売数	コース内構成比50％以上
25	スピードメニューのおすすめを行なう	スピードメニュー出数構成比	出数構成比10％以上
26	遅延商品のオペレーション改善	商品提供時間	10分以内
27	メニューを見ているお客様への素早い声がけ	ご注文への気づき	5秒以内
28	追加ドリンクのおすすめ	ドリンク注文お声がけ	グラス1/4

●A店のKPIシート例

課題1	課題2	課題3		原因1	
売上が悪い	客数が少ない	A	新規客が少ない	1	店前通行客が入店しづらい
				2	販促媒体からの新規獲得ができていない
				3	口コミによる来店が少ない
				4	近隣法人客を獲得できていない
		B	リピート客が少ない	5	QSCレベルが低い
				6	会員化が進んでいない
				7	会員客へのアプローチができていない
				8	次回来店動機がない
				9	法人客の再来店が少ない
		C	機会損失がある	10	効率的に席予約を取れていない
				11	ピークタイムに効率的にご案内ができていない
	客単価が低い	D	一品単価が低い	12	メニューのオーダー誘導ができていない
			注文数が少ない	13	商品の提供時間が遅い
				14	追加オーダーが取れていない

ただ、このKPIシートの本来の目的は、設定された項目をすべて実行することではないのです。大切なことは、関わるメンバー全員で現状の課題の分析を行ない、それに対する行動を決めて目標を設定し行動するという、一連の活動自体にあるのです。

経営者が、一方的に「売上を上げろ！」と言ったところで売上は上がりません。大切なことは、メンバーが主体性をもって「自店の課題に向き合う場」を作ることです。設定されたアクションに関しては、極端なことを言うと、どれかひとつを実行できればいいのです。A店の店長は、ミーティングの中で当面の目標として3つの目標を設定しました。

1．衝動入店の誘導⇓入店お声がけ⇓1日3組以上
9．QSCレベル向上に向けたスタッフ間の連携⇓店内ミーティング⇓月1回以上
10．教育シートを活用した面談⇓教育面談⇓月1回以上

ミーティングの後で、社長とお話しをさせていただきました。

社長「三ツ井さん、本当にあの3つのアクションで売上は上がりますかね？　もっと販促をたくさんやったほうがいいんじゃないですか？」

三ツ井「たしかに、あの3つのアクションでは、社長がおっしゃっていた〝現状20％アップ〟

という目標には届かないかもしれません」

社長「えっ、そうなんですか⁈　それなのにやって意味があるんですか？」

三ツ井「社長、では逆に、A店長が目標に掲げた3つのアクションを実行すると何か経営上のデメリットはありますか？」

社長「いや、デメリットはないですが……」

三ツ井「じゃあ、彼らに任せてやってもらいましょう！」

A店長は、3つのアクションを徹底して実行してくれました。まず、彼は店内に帰ってから、早速ミーティングを実施してくれました。そこで、自店が抱えるQSC面での課題を全スタッフに伝え、お店として強化していきたいポイントをしっかりと説明しました。

KPIとして設定した「入店お声がけ⇓1日3組以上」というアクションに関しても理由を踏まえてスタッフに説明します。さらには個人面談も行ない、具体的な行動を伝えていきました。

ちょうど3ヶ月たった頃、いつもの会議でA店長に今回のアクションの結果に対して報告をしてもらいました。その場で彼は、本当にイキイキと自店のこの3ヶ月間の取り組みに関して話しをしてくれました。「入店お声がけ⇓1日3組以上」という目標に関しては、アルバイトスタッフも巻き込みながら、店頭で迷われているお客様にはほぼお声がけができるようになりました。実際にお声がけをすることで、入店にもつながっているそうです。

またQSC面に関しても、大きな改善が見られました。その一つひとつは「小さな成果」かもしれませんが、こうした「小さな成功体験」を積み重ねていくことで店長は成長をしていくのです。成功体験は、行動をしなければ決して得られません。行動は、決して大きなものでなくてもいいのです。「行動自体は小さいけれど、課題解決に直結するもの」これがKPIのポイントです。ぜひ、みなさんのお店でも、みんなで相談しながら、自店ならではのKPIを設定してみてください。

5 「評価制度を導入して大失敗する会社の3つの特徴」

まずは、評価制度ごとのメリットとデメリットをしっかりと抑える

飲食店のオーナーからよくいただくご相談のひとつに、評価制度の導入があります。店舗が複数になり社員数が増えてくると、「そろそろ、うちでも評価制度を……」ということで、評価制度の導入を検討される経営者の方がいます。先日も、とある飲食店オーナー様から評

価制度導入のご相談を受けました。

こちらの会社は、現在5店舗の居酒屋を展開されています。鮮度の高い鶏肉を使った焼鳥を提供する店としてお客様から支持され、一気に店舗数を増やされた繁盛店です。早速社長とお話しをさせていただきました。

三ツ井「なぜ社長は、評価制度を導入したいと思われるのですか？」

社長「最近、社員が給与に対して陰で不満を言うようになりました。実は、先日も給与の不満で1名が退職してしまいまして、そろそろうちの会社でも給与を公正に評価する評価制度を入れていったほうがいいと思いまして。あとは、店長や社員の成長も、評価制度を使って促していければと思っています」

三ツ井「御社では、評価制度を導入しようと思ったのは今回が初めてですか？」

社長「いや、実は以前に一度導入しようと思ったことがあるのです。けっこう高いお金を払って評価制度の専門の会社に作ってもらったんです。たしかに、すごく細かい評価制度はできたのですが、結局運用ができなくなってしまって」

三ツ井「お金も払って準備をしたにもかかわらず、導入できなかったのですね」

社長「そうなんです。まー、お金は勉強代なのでしょうがないですが、作成段階で多くのスタッフを巻き込んでいたので、導入・運用ができなくなってしまったことで、逆にモチベーションダウンにつながってしまいました」

「高いお金を払って評価制度を作ったけど、いざ運用しようと思ったら複雑すぎて運用ができない」——全国の飲食店経営者の方とお話しをさせていただくと、こうした会社が実に多いのが実態です。

今回のケースのように、よかれと思って導入を検討した評価制度が、結果的に社員のモチベーションを下げることになってしまっては元も子もありません。評価制度は、構築よりも運用がたいへんであるということを理解せずに導入に踏み切ってしまうと、間違いなく高いお金をドブに捨てることになります。左に、評価制度を導入して失敗する会社の3つの過ちを記載します。

【評価制度を導入して大失敗する会社の3つの特徴】

①最初から完璧な評価制度を作ろうとしている

最初から、いきなり完璧な評価制度を作ろうとすると必ず失敗します。先ほど申し上げた通り、複雑すぎて運用できない評価制度になってしまいます。そもそも、社員を完璧に評価できる評価制度なんてありません。まずは、「完璧」より「運用しやすさ」を意識することが重要です。

②評価制度を作るコンサルの言いなりになっている

評価制度を導入する際には、評価制度を専門に扱うコンサル会社に手伝ってもらうことも多いと思います。たしかに、自社内にないノウハウを外部のコンサル会社等から注入することも必要ですが、あくまでもその制度を運用していくのは自分達であることを忘れてはいけません。自社にフィットしないと思ったときには、しっかりと自社の希望をオーダーすることが重要です。

③自社内で運用できない評価制度を導入しようとしている

評価制度というのは、一度作ったら終わりではありません。評価制度も、企業の成長や外部環境の変化とともに修正をしていかなければなりません。

逆に言うと、定期的に修正をしていくことで、組織とマッチした評価制度に仕上がっていきます。しかし、評価制度の構築をすべて外部コンサル等に任せていると、修正のたびに外部コンサルを使わなくてはならなくなります。当然ながら、そのつどコストが発生することになります。それだけのコストが捻出できる企業であれば問題はないのですが、多くの企業がそのコストが捻出できず、結果的に大金を払って作成した評価制度が活用できない状態に陥ってしまいます。

一口に評価制度と言っても、いろいろなものがあります、まずは、それぞれの評価制度の特徴を知った上で、自社の「身の丈に合った」評価制度を導入することが最も大切です。自社にフィットしない評価制度の導入を防ぐためにも、まずは評価制度の分類に関して予備知識を得ておいてください。

縦軸を「金銭的評価」「非金銭的評価」、横軸を「中長期的評価」「短期的評価」と分けて表を作ります。それぞれの評価制度を分類していくと、左図のようなポジションになります。さらに、それぞれの制度に関してメリットとデメリットを見ていきます。

①昇給

メリット　⇓長期的なキャリアプランをスタッフに示すことができる

デメリット⇓導入に際して、現状給与規定の見直しなどが必要であり、専門部署の設置が必要

②名誉認定

メリット　⇓長期的な功労者等に対して、会社として労を労うことができる

デメリット⇓創業が若い企業には向かない

③インセンティブ・賞与

メリット　⇓導入が容易で、金銭による高いモチベーションアップが図れる

●評価制度のポジショニングマップ

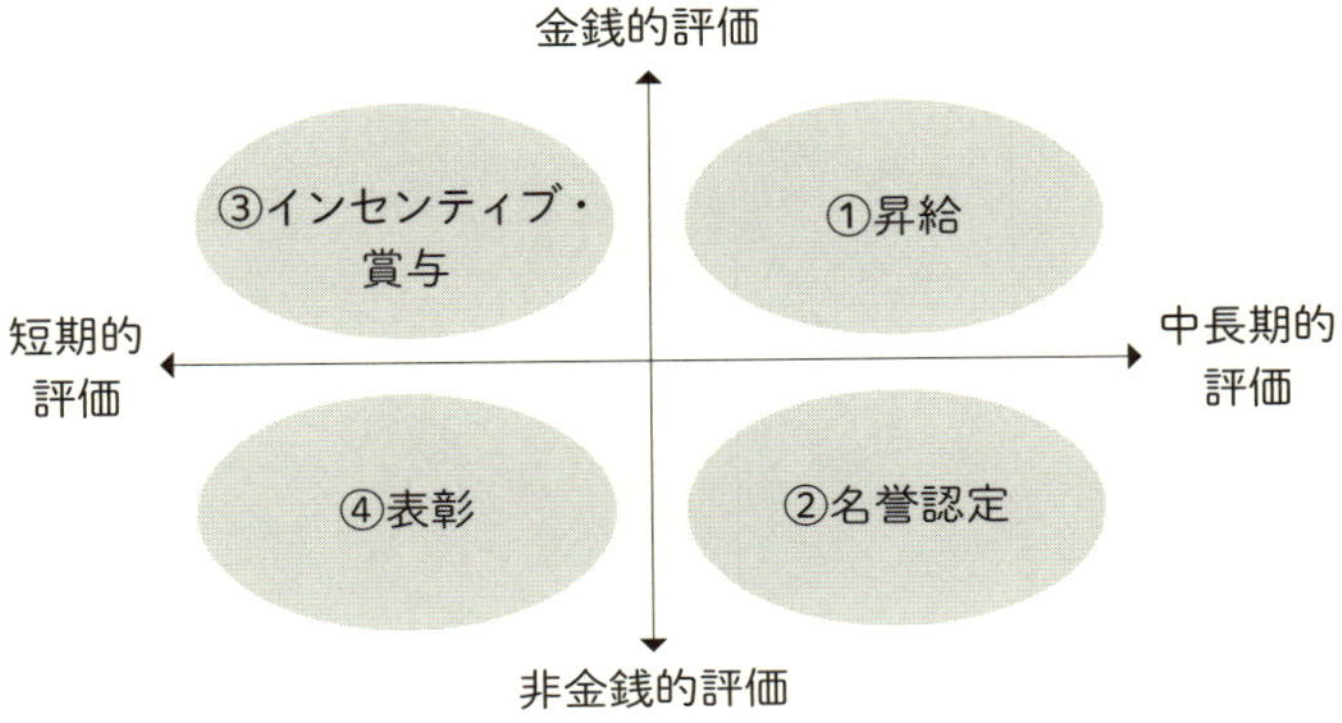

デメリット⇒定量的（数値的）成果が主体となり、その他のスキル評価が困難

④表彰

メリット　⇒定量的（数値的）成果を上げていないスタッフも認めてあげることができる

デメリット⇒非金銭的報酬であり、モチベーションアップ効果がやや限定的

多くの方は「評価制度」と聞くと、賃金制度そのものを見直した上で昇給のルールを定めていくことをイメージされるかと思います。たしかに昇給評価制度を構築していくことで、中長期的なキャリアプランをスタッフに示すことができます。

しかし、一方で構築段階では現行賃金制度の見直しなどが必至となります。さらに、運用面でもかなりの工数がかかります。私が、評価制度を導入されている全国の飲食企業を見てきた限りで申し上げれば、こうした評価制度は人事部等の専門部署を設置しない限り運用は難しいと言えます。

では、事業規模が小さくて専門部署が設置できない企業は評価制度を導入しないほうがよいのか？ 決してそんなことはありません。構築、運用が簡単で、しっかりと頑張りを評価してあげられるものであれば、導入しても問題ありません。

こうした状況を踏まえた上で、私は第一段階としては「インセンティブ評価制度」の導入をおすすめしています。「インセンティブ」とは、一言で言うと目標達成時に支給する報奨金のことです。つまり、あらかじめ定めておいた目標を達成した際に、報奨金を支給する制度のことです。「インセンティブ評価制度」の導入方法に関しては、次の項でくわしくお話しをさせていただきます。

6 「たった1週間で導入できる、組織が活性化する評価制度とは!?」

前項で、店長や社員の評価に悩む社長のお話しをさせていただきました。こちらの会社では、以前にも評価制度を導入しようとコンサルタントに依頼するも、結局は運用ができず、逆に評価制度の導入を途中で断念したことで社員のモチベーションが落ちてしまったという苦い過去がありました。しかし、社長としても、店長や社員の成長を促すためにも再度、評価制度を導入していきたいということでした。以前に一回導入に失敗しているため、今回は失敗できません。

三ツ井「社長、やはり以前の苦い経験も踏まえると、運用が簡単な評価制度を導入していくべきだと思います」

社長「たしかにそうですね。でも、簡単に導入、運用ができる評価制度なんてあるんですか?」

三ツ井「評価制度と言ってもいろいろなものがあります。中長期的な人材育成を見据えていくのであれば、就業規則や賃金制度と紐づけた昇給評価制度を構築していかないといけませんが、今回は最初の段階として目標に対する結果に報奨金を支給する『インセンティブ評価制度』の導入をおすすめします」

社長「インセンティブ評価制度ですか。以前、どこかで少し聞いたことがありますが、インセンティブ評価制度は数値面だけの評価になってしまうイメージがありますね。私としては、数値だけではない部分も評価してあげたいと思っています」
三ツ井「それでは、社長が大切にされている『理念』や『QSC面』も盛り込んだインセンティブ評価制度を作っていきましょう！」
社長「そんなこと、できるんですか⁉」
三ツ井「大丈夫です。お任せください！」

私のほうで、一度インセンティブ評価制度の骨子を作成させていただきました。左記がその案です。

評価項目は、店長の3大管理項目である、①売上、②原価率、③人件費率と④営業利益の4項目です。それぞれの項目を達成できれば、インセンティブを支給します。「役職ウェイト」の欄には、店長を満額とした場合の役職ごとの支給率を記載しています。

この場合ですと、売上予算を達成すると、店長は5000円がインセンティブとして支給されます。副店長はその40％なので2000円となります。

三ツ井「社長、いかがでしょうか？　インセンティブに関しては、まずはこのような基準で導入してみませんか？」
社長「三ツ井さん！　これでは数値面しか評価できないじゃない！」

●インセンティブ案

項目	店長・調理長	副店長	一般社員	アルバイトリーダー
役職ウェイト	100%	40%	20%	20%
①売上達成	5,000	2,000	1,000	1,000
②原価率予算達成	5,000	2,000	1,000	1,000
③人件費予算達成	5,000	2,000	1,000	1,000
④営業利益予算達成	10,000	4,000	2,000	2,000
合計	25,000	10,000	5,000	5,000

三ツ井「社長、大丈夫です。数値以外の部分に関しては、これからご説明させていただきます」

今回のインセンティブ制度では、社長のご意向を踏まえて、数値以外の経営理念やQSCも評価に加えます。そこで活用するのが、次ページのQSCチェックシートです。

このQSCチェックシートとは文字通り、店舗のQSC（クオリティ・サービス・クリンリネス）をチェックするシートです。チェック項目に関しては、会社やお店として大切にしていきたいポイントを盛り込んでいきます。

このQSCチェックシートを使って、毎月上長に各店舗のQSC状況をチェックしてもらいます。

毎月のチェックは、店舗数が多い企業ならマネージャーやスーパーバイザーが行ないます。今回の場合は、社長に直接店舗チェックを行なってもらうこ

	お見送り	27	お見送りの際には店内のスタッフから元気なやまびこ挨拶がある	1	1
		28	お見送りの際にお客様を出口までご案内できている	1	1
		29	お見送りの際に扉の外に出ておじぎをしてお見送りできている	1	1
	バッシング	30	テーブルをスピーディー、かつ丁寧に片付けることができる	1	1
④クレンリネス	店舗環境	31	店舗前はしっかりと清掃できている	1	1
		32	メニューブック・POP類に汚れやベタつきはない	1	1
		33	テーブル・イスにベタつきや汚れはない	1	1
		34	カスター類はしっかりとセットされており、ベタつきや汚れはない	1	1
		35	退店チェックリストを毎日欠かさず記入できている	1	0
		36	トイレチェックシートに従って清掃を実施し、チェック表に記載できている	1	1
		37	更衣室内は整理・整頓できている	0	1
		38	レジ周りは整理・整頓できている	1	1
		39	冷蔵庫や棚の上は整理・整頓されている	1	1
	身だしなみ	40	名札は所定の位置にしっかりと着用できている	1	1
		41	ユニフォームはシワや汚れがなく清潔なものを着用できている（だらしなくない）	0	1
	衛生管理	42	「正しい手洗い」を実施できている	1	0
		43	まな板・包丁は使用食材別に使い分けができている	1	1
		44	全商品に消費期限シールが貼られており仕込日、廃棄日、仕込担当者名が記載されている	0	0
		45	冷蔵・冷凍庫内に消費期限切れの食材は保管されていない	0	1
		46	清掃スケジュール表に従って清掃を実施し、チェック表に記載できている	1	0
		47	清掃箇所はすべてきれいな状態で保たれている	1	1
		48	食材の「先入れ」「先出し」が徹底できている	1	1
		49	食材は床などに直置きしていない	1	1
		50	ダスターは作業ごとに使い分けができている	1	0

上長評価合計	35
達成率	70%

●QSCチェックシート

店舗QSCチェック表

店舗名	●●●駅前店	ランク	達成率	達成率	70%
チェック者	●●●●●●●	S	91%～100%		
実施日	2016年●月●日	A	81%～90%	評価ランク	B
		B	50%～80%		
		C	49%以下		

1点：できている　0点：まだできていない

カテゴリー			内容	自己評価	上長評価
①経営理念		1	スタッフ全員が経営理念を唱和できる	1	1
		2	毎月の理念目標が店舗でしっかりと定められている	1	1
		3	朝礼を毎日開催し、経営理念の浸透を図っている	0	0
②クオリティ		4	料理に関して、規定通りの分量で作れている	1	1
		5	料理に関して、規定通りの盛り付けで提供できている	1	0
		6	当日のおすすめ商品は「旬」を意識した内容になっている	1	1
		7	温かい物はアツアツで、冷たい物は冷たく提供できている	1	0
		8	新商品を月に5品以上開発できている	0	0
③サービス	お出迎え	9	来店にいち早く気づき笑顔でお出迎えができる	1	1
		10	お客様を気にしながら、丁寧にお席までご案内できている	1	1
		11	ご案内時に店内のスタッフから元気なやまびこ挨拶がある	1	0
	ファーストドリンク	12	着席されたら素早くドリンクオーダーが伺えている	1	1
		13	最初のドリンクは1分以内に提供できる	0	0
		14	生ビールを正しい品質で注ぐことができる	1	0
	おすすめトーク	15	本日のおススメをしっかりと伝えられる	1	1
	オーダーテイク	16	オーダーを聞く時には笑顔でお客様の目線に合わせている	1	1
		17	最後にしっかりと復唱して確認ができている	1	1
	名物商品	18	名物商品に関して、食べ方や特徴の説明ができる	1	0
	中間サービス	19	追加オーダーをタイミングよくお伺いできている	1	1
		20	定期的にお客様の灰皿を交換できている（目安5本以上）	0	0
		21	テーブルの上をよく見て、空いた食器やグラスを交換できている	1	1
		22	タイミングよくデザートのおすすめができる	1	1
	お会計	23	お会計の際に笑顔で会計金額を伝えている	1	1
		24	会計金額を伝える際に「ありがとうございます」と言えている	1	1
		25	「お預かり金額」と「お釣り金額」はお客様の前で数えながら確認できている	1	1
		26	お会計の際に最来店を促すような言葉（フェア告知・販促物配布等）を言えている	1	0

とにしました。そして、QSCチェックの達成率に応じて、店舗のQSCランクをS、A、B、C、Dとランク評価していきます。

あとは、先ほどのインセンティブ制度とこのQSCチェックの結果を連動させます。どのように連動させるのでしょうか？　やり方は簡単です。「毎月数値目標を達成するとインセンティブを支給する。ただし、店舗のQSCチェックの結果がAランク以上でないと、インセンティブは支給されない」というルールにしておけばいいのです。つまり、評価の軸を「定量（売上・原価・人件費・営業利益）」×「定性（QSC）」と2軸にするのです。

言い換えると、「どんなに数値を達成しても、店のQSCレベルが低い場合はインセンティブは支給しない」ということです。逆にQSCチェックに関しては、Sランク以上で10000円支給等の単独評価を行なってもいいと思います。

三ツ井「社長、いかがでしょうか？」

社長「なるほど、これだったらできそうですね。ただ、私が毎月5店舗をチェックするのはちょっと自信がないですが……」

三ツ井「大丈夫ですよ。今でも毎日店舗を回っているじゃないですか？　そのときに、

ＱＳＣチェックを行なっていただければよいですから」

社長「そうですか。やってみます。ちなみに、やはりＱＳＣチェックは抜き打ちでやったほうがいいですよね？」

三ツ井「いや、ＱＳＣチェックを行なう日は事前にお店に伝えて問題ありません」

社長「えっ！　事前に教えたら、前日にいきなり掃除とかするんじゃないですか？」

三ツ井「社長、それでいいんです！　月に1回でもしっかりと掃除をする、その一歩が習慣につながっていくのです。まずは、小さな1歩を踏み出させることが大切ですよ！」

それから1ヶ月後、インセンティブ支給を決定する初めてのミーティングです。

三ツ井「社長、実際に店舗を回られていかがでしたか？」

社長「いやー、三ツ井さん。ＱＳＣチェックは本当にやってよかったです。今までも、定期的に店には顔を出していましたが、あのように同じ基準で各店を見たことがなかったので、今回は全店をＱＳＣチェックシートを使ってチェックしたことで、店舗ごとの課題がはっきりとわかりました」

三ツ井「そうですか！　それはよかったですね！　それで、インセンティブが支給になるお店はありましたか？」

社長「はい！　今回は1店舗だけでしたがあります。ＱＳＣチェックの結果は達成率82％でＡランク、予算に関しては、売上は対予算98％と届きませんでしたが、人件費率と原価率はしっかりと予算を守ってくれました。他の店舗で予算達成していたけど、ＱＳＣチェックの結果が悪かった店舗は本当に悔しがっていました、でも、ＱＳＣチェックに関しては項目が明確なので、ある店舗ではさっそく次回チェックまでにＱＳＣレベルを高めるための計画を立てていましたよ」

三ツ井「それはいい流れですね！」

こちらの会社では、今でもこの「インセンティブ制度」を継続して運用しています。ＱＳＣチェックの項目に関しても、いろいろと修正を加えてどんどんパワーアップしています。

今回ご紹介したインセンティブ制度は、どちらかと言うと個人というよりは店舗単位での評価に重点を置いています。冒頭に申し上げたように、こうしたインセンティブ制度を通じて、評価制度を社内で運用できる体制が構築できたら、次は個人を評価する制度を導入していってもいいと思います。

まだ評価制度がない会社に関しては、第一段階として、「インセンティブ評価制度」の導入をおすすめします。この「インセンティブ評価制度」でしたら、1週間もあれば導入できるかと思います。なお、細かいことですが、インセンティブは年4回以上支給すると「賞与」ではなく「給与」と同じ扱いとなってしまいますので、インセンティブの集計は毎月行ない、実際の支給は年3回以内で行なう等の対応をしている会社もあります。ご参考までに。

相談内容

自分の右腕となる
幹部が
ぜんぜん
育たないんです

6章 社長を助ける右腕人材の見抜き方と育て方

1 「ズバリ！　事業規模別の経営者のやるべきこと」

「まだまだ店舗展開をしていきたいけれど、正直これ以上店舗展開をするのは限界だと思っています」

とても思い詰めた表情でご相談をいただきました。こちらの経営者は現在、飲食店を3店舗経営されておられます。いろいろとくわしくお話しをうかがっていきます。

三ツ井「これ以上店舗展開をしていくのは限界ということですが、理由はどうしてですか？」

社長「いやー、おかげさまで、全店調子はいいのですが、今は私が全店のシフトにも入りながら営業している状態です。これ以上店舗を増やしていくとなると、私一人の力では限界があります」

三ツ井「たしかに、社長お一人では、これ以上店舗を見るのは難しいですね。社長には右腕のようなスタッフはおられないのですか？」

社長「右腕ですか？　う〜ん、創業から一緒にやってくれているメンバーはいますけど、まだまだ私がやっている仕事をすべて任せるのは難しいですね」

三ツ井「たしかに、すべての仕事を任せるのは難しいかもしれませんが、社長がやられている仕事の一部を右腕の方に任せていくのはどうでしょうか？　まずは、社長がやられている仕事を整理していく必要がありますね」

創業期の飲食店経営者の方は、今回のご相談ケースのように「すべて自分でやらなければ病」にかかっている方が少なくありません。たしかに、創業間もない頃は経営に対する不安もあり、「人に任せるわけにはいかない！」「自分が全部やるんだ！」という想いが強くなるのもしかたありません。

しかし、もし店舗拡大を目指されているのであれば、この考えは改めなくてはなりません。よく、飲食業で店舗拡大をしていく上で、「1億円の壁」「3億円の壁」「5億円の壁」「10億円の壁」があると言われています。経営者は、それぞれのフェーズで「経営の壁」を乗り超えていかなければなりません。これら事業規模別の経営課題と対策をまとめた表が、次ページの「事業規模別経営の壁」です。

まず、事業フェーズを見ていきます。フェーズとは、段階や局面という意味です。年商10億円までを分解すると、大きく3つのフェーズに分かれます。

【創業期】

店舗数が1～3店舗の時期です。年商規模は1店舗4000～5000万円と仮定すると、1・5億円くらいまでの商いです。この時期は、経営者個人の頑張りによって店舗数が

●事業規模別経営の壁

事業フェーズ	創業期	展開期	組織化期
店舗数	1〜3店舗	5〜10店舗	15店舗以上
年商	4,000万円〜1.5億円	2億円〜6億円	10億円〜
成功の要因	経営者個人の能力	経営者の右腕の能力	マンパワーからの脱却
経営者マインド	戦闘員思考	戦術家思考	戦略家思考
経営の壁	1億円の壁	3億円・5億円の壁	10億円の壁
課題	①経営者の代わりに現場を取り仕切る右腕人材がいない ②経営者が現場から抜けられず、日々の営業に忙殺されている	①右腕以外のスタッフが育たず、あらゆる業務が右腕に集中する ②店舗数が増え、各店舗の販促や、コスト管理面での問題が噴出する	①経営理念の希薄化 ②人材が採用できず出店が止まる
解決策	①経営者の個人的な魅力で、右腕となる人材を採用する ②右腕に権限移譲を行ない、経営者はチェック機能としての役割をはたしていく	①評価制度や計画的な育成制度の導入により、右腕以下のスタッフの計画的な育成を促進する ②店舗マネジメント（マーケティング＆マネジメント）の仕組み化を進める	①経営理念や中長期的ビジョンの打ち出しや、理念浸透に向けた社内活動の導入 ②新卒採用など、さまざまな採用チャネルの開発

拡大します。今回ご相談をいただいた社長も、このフェーズにおられます。経営者のマインドとしては、どちらかと言うと、現場をぐいぐい回す「戦闘員思考」です。

こうした場合、多くのケースでは経営者の代わりに現場を取り仕切れる右腕人材がいません。経営者が現場の忙しさに忙殺されて、気持ちの余裕も持てない状態です。こうした壁を突破するためには、まずは右腕人材を育てなくてはなりません。もし社内に候補がいなければ、外から採用しなくてはなりません。

しかし、まだまだ創業期ということもあり、なかなかよい採用条件を提示することもできません。創業期の採用戦略としては、どうしても「経営者個人の魅力」を打ち出していくしかありません。経営者個人のブログ等での情報発信を積極的に行なっていくことで、「この人の元で働きたい！」と思わせないといけません。細かい採用戦略に関しては、1章2項なども参考にしてください。こうして、徐々に右腕スタッフに権限を委譲していくことが必要です。

【展開期】

右腕スタッフが機能し始めると、経営のマインドは「戦闘員思考」から「戦術家思考」に移行していきます。つまり、「自分が現場をいかに回すか？」という思考から、どのように売上を最大化するのか（販促戦術）や複数店舗のコストコントロールをどのように行なうのかといった「戦術」に、マインドをシフトさせていく必要があります。

こうしたマーケティング&マネジメントの仕組み化を構築することで、ようやく5億円の壁を突破することができます。一方では、店舗数が増えてスタッフ数も増加したことで右腕スタッフの業務ボリュームが増大していきます。対策としては右腕以下のスタッフ、つまり店長や一般社員、アルバイトそれぞれの役割を明確化させ、役割、成果に応じた評価を行なう評価制度の構築などが必要になります。

【組織化期】

社長や右腕スタッフの個人的な能力だけに頼る「マンパワー経営」から脱却し、組織化が進んでいくことで、年商10億円の壁を突破することができます。経営者のマインドも個店ではなく、全社的な中長期計画や事業の多角化などにシフトしていきます。10億円規模になるとある程度、業態開発力や資金力も強化され出店攻勢をかけやすい状態にあります。

しかしながら、「人が採用できない」という理由で足踏みをしている企業が多いのも実情です。創業期、展開期の採用は、どちらかというと「即戦力採用」がメインでした。年商10億円を突破したあたりからは、今まで行なっていなかった新卒採用などの新たな採用チャネルの開拓が必要になってきます。新たなチャネルからの採用をしていくと、以前の「即戦力採用」とは違って、「スキルレベルの低いスタッフをいかに教育していくか」ということが重要になります。また、社員数が増えることで「理念の希薄化」、つまり「血が薄くなる」という事態も懸念されます。こうした課題をクリアするためにも、理念浸透を目的とした社内プロジェクト（社員研修旅行、理念体現表彰、理念研修）などを活性化させていく必要があります。まずは現状、自社がどの経営フェーズにいるかを見定めた上で、次フェーズに移行するためのアクションを、先手で行なうことが必要です。

飲食企業では、短期間に目覚ましい店舗展開をしたにもかかわらず、3年くらいで崩壊してしまうケースをよく見ます。こうしたケースのほとんどが、次フェーズへの準備をせずに、「資金力」「業態力」「マンパワー」だけに頼って無理な展開をした結果、内部崩壊を起こしてしまいます。言い方を変えれば、次フェーズに向けた社内整備ができていない企業は中長期的な事業拡大はできないということです。

社長「三ツ井さん、たしかに右腕スタッフが必要なのはわかります。でも、実際に右腕スタッフにはどのような人材が適任ですか？」

三ツ井「一番大切なのは〝想い〟です。社長の想いや会社の理念に共感していることが大前提です。その他にも必要な能力はあります」

次の項では、社長の右腕に必要な能力に関してお話しをさせていただきます。

2 「社長の右腕に絶対必要な5つの能力」

前項でご紹介をさせていただいた、飲食店を3店舗展開されている社長様。いろいろとお話しをさせていただき、今後事業展開をしていく上では「右腕」が必要不可欠であることはご理解いただけました。次に考えるのは、社長の右腕となる人材に必要な能力とは何かということです。

社長「三ツ井さん、私の右腕ですが、今はまだまだですが、A店の店長のA君を候補として考えていきたいと思います」

三ツ井「そうですか。では、現状のAさんの強み、弱みを知るためにも一度社長の右腕適正テストをやってみますか？」

社長「えっ！　社長の右腕適正テストですか？　テストで右腕の適正がわかるのですか？」

三ツ井「私は、社長の右腕には大きく分けて5つの能力が必要であると考えています。その5つとはコミュニケーション能力（Communication）、コンサルティング能力（Consulting）、カウンセリング能力（Counseling）、コーディネート能力（Coordinate）、コントロール能力（Control）です。もちろん、すべてが最初から備わっている人はいません。大切なのは今の自分に足りていない要素は何なのかということを知り、自分の足りていない部分を意識してもらった上で、社長がサポートしながら育成していくということです」

社長「なるほど！　面白そうですね。ぜひ一度お願いします」

社長の右腕に必要な5つの要素、それぞれの頭文字を取って、私はこれを「右腕5Cモデル」と呼んでいます。

①コミュニケーション能力（Communication）

コミュニケーション能力とは、営業活動のための情報収集と情報伝達能力です。具体的には、下記の5つに分解されます。

(1)話しやすさ

相手が話しやすい環境（静かな場所、笑顔、親身）を作り出している

(2)聞きやすさ

常に話の要点を整理し、結論を考えた上で会話を組み立てている

(3)目的の共感

やるべきこと（経営理念・ブランド理念・経営計画・営業戦略）と相手のためになることを一致させる話し方をしている

(4)承認力

相手を承認しながら、話をしている（感謝の意、褒める）

(5)成果の共有

コミュニケーションの結果を踏まえて行動し、その結果を相手に伝えている

②コンサルティング能力（Consulting）

コンサルティング能力とは、課題解決に向けたノウハウ力です。具体的には、下記の5つに分解されます。

(1)情報に対する貪欲さ

時流やほしい情報を得るために習慣化された自費を使う行動がある

(2)ルール化能力

得た情報を分析し、自分なりにルール化することができる

(3)プレゼン能力

ルール化した情報を、仮説として相手にわかりやすく説明するプレゼン能力（会話・資料作成）がある

(4)実行力

仮説を確実かつ迅速に実行させるための行動、フォローをしている

(5)ＰＤＣＡの癖

実行された仮説から得られた成功事例を振り返り、さらにブラッシュアップできる

③カウンセリング能力（Counseling）

カウンセリング能力とは、部下が抱える悩みに対するアドバイス力です。具体的には、下記の5つに分解されます。

(1)信頼
相手が抱える悩み（対人やプライベートの問題）に対して、一緒に考え、解決するスタンスをとれている

(2)行動
相手の抱える問題を解決するために、自ら具体的な行動がとれている

(3)洞察力
相手との会話の中で相手の仕事のスキルレベル、性格面の長所、短所などを自分なりに分析できている

(4)アドバイス
すぐに行動に移せるように、数値を入れた具体的な言葉で指示・アドバイスができている

(5)仲間意識

相手の成長に関して、一緒に喜ぶことができている

④コーディネート能力（Coordinate）

コーディネート能力とは、各種調整力です。具体的には下記の5つに分解されます。

(1)スケジューリング

アクションを決定する際には、スケジュールを見える化（資料化）できている

(2)協力者選定

アクションを推進していく上で、適切な協力者（内部・外部）を状況に応じて選定できている（例：社内他部署や業者等）

(3)情報提供

協力者に対して、アクションを実行する上で必要な情報を提供できている

(4)予算調整力

アクションを実行する上での予算に関して、協力者（内部・外部）と交渉、調整ができる

(5)プラン修正力

アクションのスケジュールの進捗を追えており、状況に応じてプランやスケジュール変更が迅速にできている

⑤コントロール能力（Control）

コントロール能力とは、数値管理力です。具体的には下記の5つに分解されます。

(1)予実管理力
常に予算と実績の差異を追えている
(2)QSCアップ力
QSCアップに向けたロジックを確立できている
(3)売上アップ力
売上アップのロジックを確立できている
(4)原価コントロール力
原価率低減に向けたロジックを確立できている
(5)人件費コントロール力
人件費低減に向けたロジックを確立できている

右腕候補であるAさんには、これら全25項目に関して、セルフチェックをしてもらいました。その結果が次ページの表です。

この結果からわかることは、Aさんはコミュニケーション能力とコーディネート能力に長

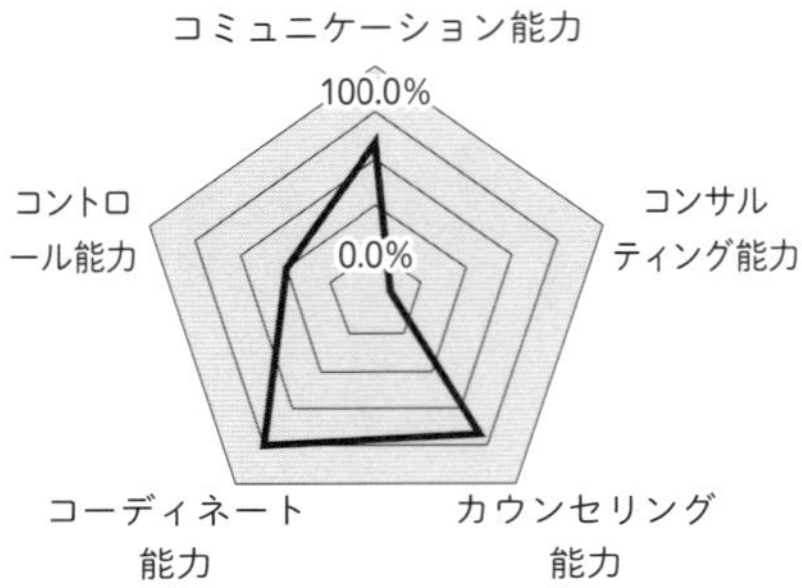

きていない

内容	評価
相手が話しやすい環境（静かな場所、笑顔、親身）を作り出している	2
常に話の要点を整理し、結論を考えた上で会話を組み立てている	2
やるべきこと（経営理念・ブランド理念・経営計画・営業戦略）と相手のためになることを一致させる話し方をしている	3
相手を承認しながら話をしている（感謝の意、褒める）	1
コミュニケーションの結果を踏まえて行動し、その結果を相手に伝えている	2
時流や欲しい情報を得るために習慣化された自費を使う行動がある	1
得た情報を分析し、自分なりにルール化することができる	0
ルール化した情報を仮説として相手にわかりやすく説明するプレゼン能力（会話・資料作成）がある	0
仮説を確実かつ迅速に実行させるための行動、フォローをしている	0
実行された仮設から得られた成功事例を振り返り、さらにブラッシュアップできる	0
相手が抱える悩み（対人やプライベートの問題）に対して、一緒に考え、解決するスタンスをとれている	2
相手の抱える問題を解決するために、自ら具体的な行動がとれている	2
相手との会話の中で相手の仕事のスキルレベル、性格面の長所、短所などを自分なりに分析できている	2
すぐに行動に移せるように数値を入れた具体的な言葉で指示・アドバイスをできている	2
相手の成長に関して、一緒に喜ぶことができている	3
アクションを決定する際には、スケジュールを見える化（資料化）できている	2
アクションを推進していく上で適切な協力者（内部・外部）を状況に応じて選定できている（例：社内他部署や業者等）	3
協力者に対して、アクションを実行する上で必要な情報を提供できている	3
アクションを実行する上での予算に関して、協力者（内部・外部）と交渉、調整ができる	2
アクションのスケジュールの進捗を追えており、状況に応じてプランやスケジュール変更が迅速にできている	2
常に予算と実績の差異を追えている	2
QSCアップに向けたロジックを確立できている	1
売上アップのロジックを確立できている	1
原価率低減に向けたロジックを確立できている	1
人件費低減に向けたロジックを確立できている	1

右腕5Cモデル診断

NO.1

事業部名	居酒屋事業部
店名	A店
役職名	店長
氏名	A

スキルカテゴリー	得点	達成率
コミュニケーション能力	10	66.7%
コンサルティング能力	1	6.7%
カウンセリング能力	11	73.3%
コーディネート能力	12	80.0%
コントロール能力	6	40.0%
合計	40	53.3%

3点：かなりできている　2点：ある程度できている　1点：不十分だが取り組んでいる　0：また

	スキルカテゴリー	目的	ポイント
①	コミュニケーション能力 Communication	営業活動のための情報収集と情報伝達力	(1) 話しやすさ
			(2) 聞きやすさ
			(3) 目的の共感
			(4) 承認力
			(5) 成果の共有
②	コンサルティング能力 Consulting	課題解決に向けたノウハウ力	(1) 情報に対する貪欲さ
			(2) ルール化能力
			(3) プレゼン能力
			(4) 実行力
			(5) PDCAの癖
③	カウンセリング能力 Counseling	部下が抱える悩みに対するアドバイス力	(1) 信頼
			(2) 行動
			(3) 洞察力
			(4) アドバイス
			(5) 仲間意識
④	コーディネート能力 Coordinate	各種調整力	(1) スケジューリング
			(2) 協力者選定
			(3) 情報提供
			(4) 予算調整力
			(5) プラン修正力
⑤	コントロール能力 Control	数値管理力	(1) 予実管理力
			(2) QSCアップ力
			(3) 売上アップ力
			(4) 原価コントロール力
			(5) 人件費コントロール力

けているということです。さすが、社長が一目置いているだけのことはあります。

一方で、コンサルティング能力やコントロール能力が弱いということがわかります。コンサルティング能力は、どちらかというと店舗外での活動（繁盛店調査や業界情報）から得られるノウハウの部分です。Aさんは、今は店内での営業が優先順位一番ですから仕方ありません。コントロール能力に関しては、ヒアリングをしてみると、数値管理を感覚的に行なっている部分があるようです。

社長「たしかに、この結果からわかるように、彼は部下や業者さんなどからの評判はとてもいいんですよ」

三ツ井「そうですね。そうした人柄はとても重要ですね。今後は彼に足りていない部分をどう補っていくかを考えていくことが大切ですね」

このように、右腕候補の足りない能力を明確にした上で、社長自らが教育をしていくことが大切なのです。

3「なぜ、優秀な店長を社長の右腕にすると失敗するのか」

先日、和食業態を10店舗展開されているA社の社長より、こんなご相談を受けました。

社長「当社は、和食店を10店舗展開しています。今までは、創業者である私が全店をしっかりと見ていたのですが、私も間もなく60歳になりますし、そろそろ誰かにバトンを渡していかなければならないと思っています」

三ツ井「今は社長が一人で10店舗を見られているのですか⁉ それはたいへんでしょうね。右腕や幹部の方はおられないのですか?」

社長「まー、今は各店の店長がしっかりとしてくれているので、何とかやっています。実は以前に何度か、私の右腕となる幹部スタッフを配置したことがあるんですよ」

三ツ井「そうなんですか。その右腕の方達はどうされたのですか?」

社長「いやー、なかなか上手くいきませんでした。彼らはもともと店長をやってもらっていたのですが、みんなとても優秀な店長だったので彼らなら大丈夫だと思い、私の右腕に大抜擢しました。しかし、残念ながら右腕としてはまったく機能しませんでした。彼らも自信をなくして、結局は全員退職をしてしまいました」

三ツ井「社長は、なぜ彼らはダメになってしまったと思いますか？」

社長「そうですね、やはり彼らには幹部の仕事は向いていなかったのかもしれませんね」

三ツ井「ちなみに、社長からは彼らに社長の考える幹部の仕事の内容については話されましたか？」

社長「具体的にアレをしてほしいとか、コレをしなさいとかは伝えていませんが、私の右腕として心のあり方等はしっかりと伝えていたつもりです」

三ツ井「社長、失礼ですが彼らが辞めてしまった理由は、そこにあるかもしれませんね」

社長「どういうことですか？」

「店長のときはとてもよかったが、現場を離れたとたんにダメになった」これはA社だけに限らず、飲食店ではよくある話です。なぜ、そのようなことが起こるのでしょうか？　なぜ、優秀な店長が社長の右腕になれないのでしょうか？　原因はただひとつ、「プレイヤーとマネージャーの仕事は違う」ということです。たとえば、野球でもそうです。優秀な選手が優秀な監督やコーチになれるかというと、必ずしもそうとは限りません。「優秀な店長と優秀な幹部の仕事は違う」のです。まずは、この部分をしっかりと認識する必要があります。

では、「社長」「社長の右腕」「店長」の仕事の役割とは具体的にどう違うのでしょうか？

●飲食店の戦略ピラミッド

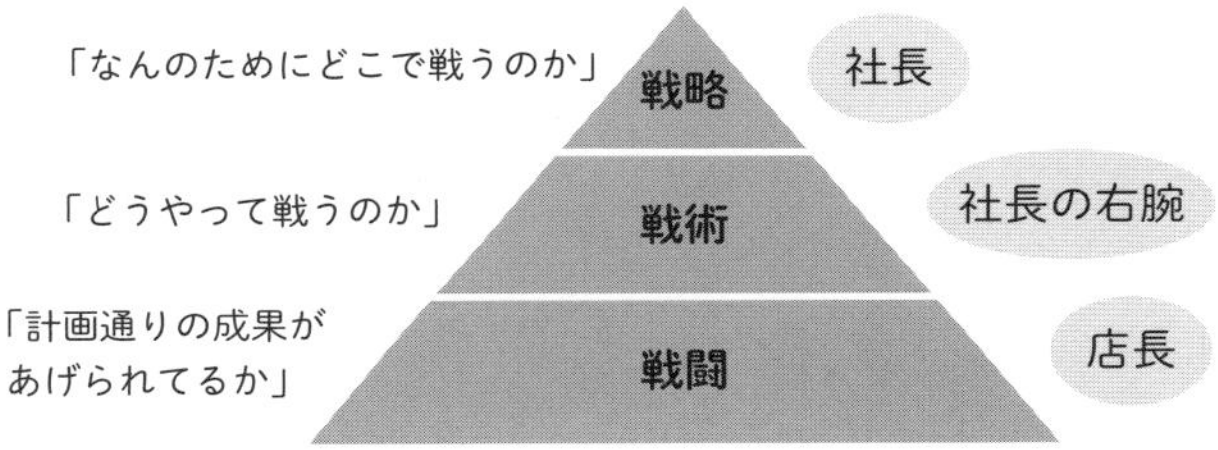

仕事の役割は、大きく分類すると「戦略レベル」「戦術レベル」「戦闘レベル」の3つに分かれます。

社長には、経営理念をベースとした中長期的な意思決定を行なう仕事が求められます。社長の右腕には、社長の方針に基づいて、どのように戦っていくのかという具体策が求められます。そして店長には、「戦略」⇒「戦術」で定められた具体策を、店内のメンバーと一丸となり実行することが求められます。この考え方をベースに、A社でも具体的に社長の右腕と店長の行なう仕事を分類していきました。それをまとめていったのが、次ページの「社長の右腕と店長の50の仕事」です。

飲食店経営で必要な仕事の要素は、大きく分けて5つあります。

1. 予算策定・管理

年間予算、月別予算、日割り予算を作成し、予算とギャップを常に把握し、異常値がある場合には原因究明をして対策を行ないます。

Ⅱ．採用・教育

店舗での受け入れ体制をしっかりと構築した上で、計画的な人材採用・教育を行なっていきます。また「会議」を教育の場と位置づけ、会議でのＰＤＣＡサイクルを構築します。

Ⅲ．販売促進

「やりっぱなし販促」にならないよう、実行した販促の費用対効果を分析し、結果を次

NO	店長の仕事【戦術⇒戦闘レベル】
2	月別予算に基づいた日割り予算の策定
4	日割り予算に基づいたワークスケジュール（シフト）の作成
6	日々の原価、人件費の報告
8	売上データ（客数・客単価・宴会比率・ABC等）の報告
10	売上向上施策の実行、及び効果測定
12	原価率適正化施策の実行
14	人件費適正化施策の実行
16	その他経費適正化施策の実行
18	受入れ体制の確立、及び店内教育の実施
20	店長会議における現状課題と対策の発表
22	店長会議で決定した施策の実行と振り返り
24	決定した販売促進施策の実行
26	実行した販売促進のデータ収集
28	シーズンメニューの販売推進、及び販売データの収集
30	再来店施策の実行、及び効果測定
32	会員獲得
34	接客マニュアルに基づく店内教育
36	調理マニュアルに基づく店内教育
38	店長業務マニュアルに基づく店舗管理
40	店舗チェック指摘事項の改善
42	発生クレームの報告
44	クレーム再発防止策の確実な実行
46	店舗設備安全管理・金銭管理・在庫管理
48	評価制度に基づく店舗内評価の実施
50	部下に対する評価結果のフィードバック

●社長の右腕と店長の50の仕事

大項目	中項目	小項目	
		NO	社長の右腕の仕事【戦略⇒戦術レベル】
Ⅰ予算策定・管理	①予算実績管理	1	全店年度予算・月別予算の策定
		3	日々の全店売上予算達成状況のチェック
		5	日々の全店の原価率、人件費率のチェック
	②売上向上施策立案	7	全店売上データ（客数・客単価・宴会比率・ABC等）の分析による課題点の抽出
		9	各店売上向上施策の立案or立案サポート
	③FLコントロール	11	原価率適正化施策の立案or立案サポート
		13	人件費適正化施策の立案or立案サポート
		15	その他経費適正化施策の立案or立案サポート
Ⅱ採用・教育	①採用・教育	17	採用・教育計画の立案
	②会議運営	19	店長会議の開催
		21	店長会議におけるPDCAサイクルの構築
Ⅲ販売促進	①新規客獲得	23	販売促進計画の立案or立案サポート
		25	販売促進の費用対効果の分析、及び改善施策の立案or立案サポート
	②リピート客獲得	27	シーズンメニューの開発or開発サポート
		29	店内における再来店施策（クーポン等）の立案or立案サポート
		31	会員化施策の立案
Ⅳ店舗力アップ	①オペレーションの確立	33	接客マニュアルの作成or作成サポート
		35	調理マニュアルの作成or作成サポート
		37	店長業務マニュアルの作成or作成サポート
	②店舗チェック機能の確立	39	店舗チェックの実行、及びチェック結果に基づく店舗指導
	③クレーム対応	41	重大クレーム対応
		43	クレーム対応策の立案or立案サポート
	④資産管理	45	店舗設備・金銭・在庫の定期的なチェック、指導
Ⅴ評価	①評価制度運用	47	評価制度運用計画の立案
	②評価結果のフィードバック	49	店長に対する評価結果のフィードバック

の販促に活かしていく習慣を構築します。

Ⅳ．店舗力アップ

多店舗展開を目指す店舗においては、接客、調理レベルの統一化が店舗力のベースとなります。自店の「あるべき姿」をしっかりと見える化し、できている点とできていない点が把握⇓改善できる仕組みを構築します。

Ⅴ．評価

評価制度は評価項目の中身だけではなく、結果を本人にフィードバックする等、その運用面をしっかりと構築していくことが重要です。

これら5つの大分類をベースに、A社の現状の仕事を「社長の右腕」と「店長」に分けていきます。それぞれの項目の詳細に関しては、本書の中でも触れていますので、それぞれ確認をしてみてください。A社の社長も、このように「社長の右腕」のやるべきことが明確化されたことで、改めてご自身の右腕を育成していくことになりました。それから数ヶ月して、A社の社長とお会いしました。

三ツ井「社長、右腕の方の育成は進んでいますか？」

社長「はい。いやー、今回改めて右腕と店長の役割を明確化して本当によかったと思っています。今までは私自身が、社長の右腕とは何をするべきなのかをわかっていなかったということに気づきました。考えてみれば当然のことですが、社長の私がそれをわかっていないのに、右腕を任されたスタッフがその仕事を全うできるはずがないですよね。今まで右腕に任命して、うまくいかなかったスタッフも、結局は私に原因があったのだと思い、今は反省しています」

社長の右腕を育成する上では、今回のケースのように、まずは「店長」との仕事の役割のすみ分けをしっかりとすることが大切です。

4 「年商10億円を達成するためにやるべきこと」

本章の1項から3項までをお読みいただき、いかに社長の右腕人材を育てていくことが大切か、また右腕人材の育成には社長の関わりが不可欠かがおわかりいただけたかと思います。本章1項でも書かせていただきましたが、もし、みなさんが店舗規模を拡大し、年商10億円を達成したいと思われるのであれば、それぞれの事業規模で立ちふさがる「経営の壁」を乗り越えていかなくてはなりません。

その中でも、とくに「年商10億円の壁」が超えられず苦労をされている経営者の方からのご相談をよく受けます。先日も、とある飲食店A社の経営者からご相談をいただきました。

こちらのA社はさまざまな業態を展開されています。現在は全7業態12店舗、年商は約8億円と10億円を目前にされています。

社長「当社も、年商10億円達成を目標に今まで頑張ってきましたが、今期で年商8億円、ようやく年商10億円を目前にした所で足踏みを繰り返している状態です」

三ツ井「どれくらい、その状態が続いているのですか?」

社長「そうですね、ここ2~3年は年商8億円近辺をウロウロとしています。このままやっていても、年商10億円を突破できるイメージがないんです」

三ツ井「社長がお考えになる、年商10億円を突破できない原因は何ですか?」

社長「漠然とはわかっているんです。当社は、まだまだマンパワーに依存している経営です。なんかこう、うまく経営が回っている感じがしないんです。できていないことはわかっているのですが、どの問題から手をつけていいかもわからず。正直、このまま悩んでいても答えは見つからないなと思い、今回相談をすることにしました」

年商6億円ぐらいまでは、優秀な右腕の力でなんとか店舗展開をすることができます。しかし、優秀な右腕だけに頼る経営は、結局は「マンパワー経営」です。つまり、社長個人のマンパワーから、社長の右腕のマンパワーに移行しただけとも言えます。

社長の右腕がしっかりと育ってきたら、次は「マンパワー経営」から脱却し、さまざまな仕組みを構築した上で「システムパワー経営」に移行していく必要があります。この「システムパワー経営」を実現しないと、年商10億円の壁を超えることはできません。

三ツ井「なるほど、では社長まずは自社の課題を整理するために私が作成した〝年商10億円マネジメントシステムチェック表〟を使って、現状の課題点を改めて整理していきましょう」

社長「そんなものがあるのですか？」

三ツ井「はい。これは年商10億円、20億円を突破されている企業が実際に取り組まれている内容を分析して作成したものです」

年商10億円を達成するマネジメントシステムに関しては、大きく分けると、Ⅰ．予算実績管理、Ⅱ．原価コントロール、Ⅲ．人件費コントロール、Ⅳ．組織運営、Ⅴ．販売促進、Ⅵ．接客力向上、Ⅶ．商品力向上、Ⅷ．評価の8つの大項目に分かれます。そして、それぞれの大項目をさらに分解してまとめたものが年商10億円マネジメントシステムチェック表です。

こちらのチェック表では、それぞれの項目に対して、2点：完璧にできている　1点：ある程度できてる　0点：できていないに基づいて、セルフチェックを行なっていきます。そうすることで、年商10億円に向けてやるべきことと自社でできていないことが明確化されま

	22	店長会議では3ヶ月後のアクションに関する話し合いができている	0
V.販売促進	23	年間を通じた販促計画（概要）が書面化されている	1
	24	販促実施の3ヶ月前には内容や媒体、販促物が決定している	0
	25	実施した販促に関して、媒体ごとの費用と効果を検証できている	0
	26	一般客の会員制度を実施している	1
	27	一般客のメールアドレスや住所を収集している	1
	28	近隣法人客の名刺やリストを収集している	1
	29	ネット販促（食べログ、ぐるなび、ホットペッパー等）に関して、月に1回以上掲載内容を更新できている	2
	30	ネット販促に関して、アクセス数や電話コール数、クーポン印刷数などのデータを毎月分析できている	2
	31	店内販促（おすすめPOP、追加オーダー獲得トーク等）を組織的に実施できている	1
	32	店外販促（チラシやDM販促等）を年に3回以上実施できている	2
VI.接客力向上	33	お客様アンケートが実施されている	2
	34	役職者による臨店チェック（接客面）が定期的に実施されている	1
	35	臨店チェック（接客面）の結果に関して、振り返りと改善に向けた対策を店長と協議できている	0
	36	サービスマニュアルが導入されている	1
	37	新人スタッフの入店時にサービスマニュアルに基づく研修が実施されている	1
	38	定期的にミステリーショッパー等（外部覆面調査）を実施している	1
VII.商品力向上	39	新商品開発時に社長（役員・総料理長）を交えた試食会を実施している	2
	40	試食会の際には専用のチェックシート等を活用している	1
	41	役職者による臨店チェック（商品面）が定期的に実施されている	0
	42	競合店やモデル店の視察を月1回以上実施しており、そこで得た情報を新商品開発に活かしている	0
	43	食材の消費期限管理（仕込み日、廃棄日の記載）を実施している	1
	44	商品の付加価値（産地・こだわり・製法）を口頭またはPOP、メニューなどでお客様に訴求できている	1
VIII.評価	45	社員の「やるべき事」を明確化した上で結果に対する評価を行なっている	1
	46	社員の評価結果に応じて報酬（インセンティブ・給与・賞与など）を支給している	1
	47	社員に評価結果のフィードバックを行なっている	1
	48	アルバイトスタッフの「やるべき事」を明確化した上で結果に対する評価を行なっている	0
	49	アルバイトスタッフの評価結果に応じて報酬（インセンティブ・給与・賞与など）を支給している	0
	50	アルバイトスタッフに評価結果のフィードバックを行なっている	0

年商10億円マネジメントシステムチェック表

項目	得点	達成率
Ⅰ.予算実績管理	8	66.7%
Ⅱ.原価コントロール	6	60.0%
Ⅲ.人件費コントロール	1	12.5%
Ⅳ.組織運営	7	50.0%
Ⅴ.販売促進	11	55.0%
Ⅵ.接客力向上	6	50.0%
Ⅶ.商品力向上	5	41.7%
Ⅷ.評価	3	25.0%
合計	47	47.0%

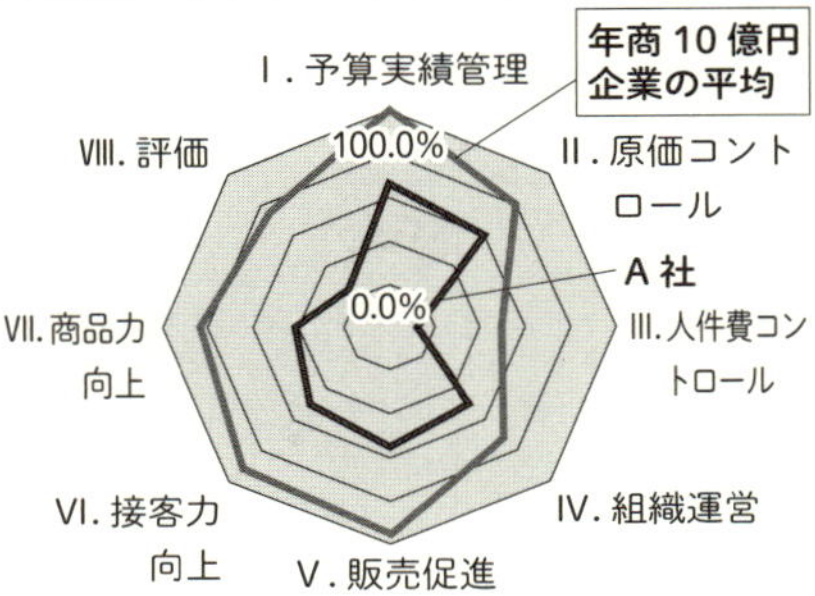

2点：完璧にできている　1点：ある程度できている　0点：できていない

大項目	No	項目	評価
Ⅰ.予算実績管理	1	中期経営計画が作成できている	2
	2	年度予算、月次予算、日別予算が作成できている	1
	3	マネージャー、店長は自店の予算数値を納得、理解できている	1
	4	毎日の売上・原価・人件費を報告する日報を運用している	2
	5	毎月15日位までに月末予測数値（売上・原価率・人件費）の見通しと改善計画が立てられている	1
	6	損益計算書を毎月作成し、全社員に説明できている	1
Ⅱ.原価コントロール	7	全商品の単品ごとの原価率が算出できている	1
	8	定期的にメニューレシピの分量・材料・原価に関して見直し、修正を行なっている	1
	9	価格面や品質を考慮した上で定期的に仕入業者の見直しを行なっている	2
	10	毎月メニューの出数（ABC分析）、理論原価率をチェックできている	2
	11	毎月店舗のロス率を把握できており、ロス軽減に向けた対策がとれている	0
Ⅲ.人件費コントロール	12	売上予算に基づいた適正シフトを組むことができている	0
	13	予算未達日はシフト調整等により、人件費の抑制を行なっている	1
	14	業務効率化に向けて継続的な業務改善の取り組みを全社で行なっている	0
	15	アルバイトスタッフの昇給は感覚でなく、評価制度に基づいて行なっている	0
Ⅳ.組織運営	16	店長と本部スタッフそれぞれのやるべきこと（役割）が明文化されている	1
	17	採用面接に関して、専用のヒアリング（チェック）シートを活用して行なっている	1
	18	新人スタッフに対する、初期研修が確立され実施されている	0
	19	店舗スタッフ間の公式な飲み会やレクリエーション等が6ヶ月に1度以上実施されている	1
	20	月に1回以上の店長会議が実施されている	2
	21	店長会議では各店の取り組みに関してPDCAサイクルを意識できている	2

す。次ページがA社の結果です。ちなみに、グラフの外側のグレーの線は年商10億円企業の平均スコアとなります。

三ツ井「社長、実際にセルフチェックをしてみていかがでしょうか？」

社長「いやー、正直、うちの会社はいろいろと取り組みが進んでいるほうだと思っていましたが、こうしてチェックをしてみると、年商10億円規模に耐え得るマネジメントシステムはまだまだ構築できていないことがわかりますね」

三ツ井「社長、大切なことは、このように自社の現状分析を行なった上で、やるべきことを明確化させることです」

社長「たしかにそうです。今後はどのように進めていけばいいでしょうか」

三ツ井「今回わかった課題点に関して、解決するためのプロジェクトチームを社内で立ち上げてみてください。今回の課題点の中で、とくに早急に改善したいことは何ですか？」

社長「そうですね。アルバイトスタッフの評価に関しては現状はまったく手つかずの状態です。実際に、アルバイトさんからの不満も多く、それが離職の一因にもなっているので、まずはそこからですかね」

三ツ井「それでは、〝アルバイト評価制度構築プロジェクト〟を立ち上げましょう。まずはプロジェクトリーダーを決めてください」

このように課題点が明確化されたら、社内で改善プロジェクトを立ち上げます。プロジェクトの進め方は左記の通りです。

【改善プロジェクトの進め方】

①プロジェクトメンバーの決定

まずは、プロジェクトの管理を行なうプロジェクトリーダーを決めます。その後、リーダーと一緒にプロジェクトを進行するメンバーを選定します。

②プロジェクト目的・目標の共有

プロジェクトを行なう目的や、最終的に実現したい成果をメンバー間でしっかりと共有します。この共有ができていないと、途中でプロジェクトの方向性を見失うことがあります。

③プロジェクトスケジュールの決定

今回のような「アルバイト評価制度構築プロジェクト」であれば、「評価項目の策定」「昇給ルールの決定」「テスト評価の実施・修正」「本評価の実施」「査定会議」など、プロジェクトのポイントごとのスケジュールを決定していきます。

④プロジェクトミーティングの開催

③のスケジュール通りに進捗しているか、現状の課題点は何か等を、定期的にミーティングを実施して確認していきます。問題点がある場合には、問題解決のためのアイデアをプロジェクトメンバー全員で協議します。

⑤プロジェクト成果の振り返り

プロジェクト実行後には、実施したプロジェクトに関して、しっかりと成果や課題点の振り返りを行ないます。

社長「今回のプロジェクトリーダーはマネージャーではなく、B店の店長にやってもらおうと思います」

三ツ井「いいと思います。こうした社内プロジェクトは、自社の仕組みの強化だけではなく、スタッフの人材育成の場としても有効です」

このように年商10億円に向けた改善プロジェクトを立ち上げ、そのプロジェクトを通じてメンバーが育ち、会社のマネジメントシステムも強化されていく。これが結果的に年商10億円を達成するための土台になります。当然ながら、年商10億円を達成するためには、今回のようなマネジメントシステムだけではなく、マーケティング戦略も重要になります。

しかしながらマーケティング戦略だけでは、たとえ年商10億円を突破したとしてもすぐに内部崩壊を起こしてしまいます。実際に、過去多くの飲食企業が急成長をした後に内部崩壊により縮小、倒産を余儀なくされています。

「優れたマーケティング戦略」×「マネジメントシステム」。この2つが揃って、初めて企業は成長・存続できるのです。

あとがき

この本をお手にとっていただき、ありがとうございます。本書では飲食店経営において発生する「人」に起因する問題に関して、33個の解決法を紹介させていただきました。

そもそも、本書を書かせていただいたきっかけに、飲食業界のコンプライアンス遵守に対する社会からの厳しい目、人件費の高騰、人材不足、労働基準法改正議論活発化等の「業界を取り巻く環境の激変」があります。みなさんも、すでに薄々気がつかれているように、この数年でさらに激変していく飲食業界を、今までのように「精神論」「根性論」だけで乗り切るのは、どう考えても不可能です。現実を見つめなければなりません。それくらい事態は切迫しているのです。「人の問題を解決する仕組み」を、今から1～2年以内に社内に構築しておかなくてはなりません。

本書を書き始めた当初は、100個近い事例ノウハウを書くつもりでしたが、飲食業界で働く忙しい皆様が少ない時間で成果を手にしていただけるよう、その中でも33個の事例ノウハウを厳選してご紹介しました。

本書に書いてある内容を、一度にすべて実行するのは難しいと思いますが、これからの飲食業界を生き残るために、ぜひとも自社が取り組めることから一つずつ取り組んでみてください。必ず成果が出ると思います。

最後になりますが、日々一緒に取り組みをさせていただいているご支援先の経営者様と現場で戦うスタッフの皆様、そして本書を出版する機会を与えてくださった同文舘出版の古市編集長に心から感謝申し上げます。

著者

著者略歴

三ツ井創太郎（みついそうたろう）

株式会社スリーウェルマネジメント　代表取締役　経営コンサルタント

大学生のときに、バブル経済の崩壊に伴い家業が倒産。その後、夜はバーテンダー等をして学費を稼ぐ傍ら、ミリオンセラーとなった『ごちそうさまが、ききたくて。』（文化出版局）をはじめ、累計発行部数2,600万部を超える著書を出版している料理家の栗原はるみさんのもとで、5年間アシスタントとして料理の基本を学ぶ。大学卒業と同時に飲食企業に就職。レストランのキッチン、ホール、店長等を歴任した後、最年少で飲食部門統括責任者に昇進。多店舗化に向けた組織構築や業態開発、フランチャイズ本部構築などを10年以上経験。その後、東証一部上場のコンサルティング会社である株式会社船井総合研究所入社。飲食部門のチームリーダーとして、個人店から上場チェーンまで数多くの飲食企業の支援を行なう。2016年5月、株式会社スリーウェルマネジメントを設立。多店舗化や上場を目指す飲食企業に対して「多店舗化の仕組み」や「年商10億円企業化パッケージ」などを提供している。机上の空論ではなく、長年に渡る飲食業界の現場経験で培った“実践的ノウハウ”を武器に、個人店から大手外食企業、国内、海外まで幅広いクライアントに対してコンサルティング支援を行なっている。

■問い合わせ先
株式会社スリーウェルマネジメント
〒104-0061 東京都中央区銀座1丁目3番3号 G1ビル7階
TEL: 03-6427-1089 FAX: 03-5770-7883
Email: info@3well.co
URL: http://www.threewell.co

飲食店経営“人の問題”を解決する33の法則

平成29年2月6日　初版発行
平成29年3月3日　2刷発行

著　者 —— 三ツ井創太郎

発行者 —— 中島治久

発行所 —— 同文舘出版株式会社

東京都千代田区神田神保町1-41　〒101-0051
電話　営業03（3294）1801　編集03（3294）1802
振替00100-8-42935
http://www.dobunkan.co.jp/

ISBN978-4-495-53591-9

印刷／製本：三美印刷　Printed in Japan 2017